기초영어 말하기 트레이닝 100

기초영어 말하기 트레이닝 100

초판 1쇄 인쇄 2014년 3월 20일
초판 1쇄 발행 2014년 3월 27일

지은이 백선엽
발행인 정현순
발행처 지혜정원

출판등록 2010년 1월 5일   제 313-2010-3호
주소 서울시 광진구 천호대로 109길 59 1층
연락처 02-6401-5510
팩스 02-6280-7379

디자인 본문 조수영 표지 이용희
일러스트 정원재

ISBN 978-89-94886-38-1   13740

값 12,000원

이 책은 저작권법에 따라 보호받는 저작물이므로 무단전재와 무단복제를 금합니다.
파본이나 잘못 만들어진 책은 구입하신 서점에서 바꾸어 드립니다.

Copyright ⓒ 2014 by 지혜정원
All rights reserved. No part of this publication may be reproduced,
stored in a retrieval system, or transmitted in any form or by any means,
without the prior written permission of the publishers.

기초 영어
말하기 트레이닝
100

백선엽 지음

지혜정원

RECOMMEND | 이 책을 먼저 경험한 베타테스터들의 추천글

나의 문장 실력을 무한 확장시키는 놀라운 트레이닝!!

송진일 남, 33세, 네이버 카페 '영절필' 운영자

지난 7년간 영어교육에 직, 간접적으로 몸담았던 경험을 되짚어 보면 우리네들은 많은 단어와 문법을 알고 있지만 이를 효과적으로 사용하여 적절한 문장으로 말하고 또 이를 듣는 요령을 모르는 분들이 많은 것 같습니다.
이 책은 정말 쉽지만 가장 필수적인 어휘와 문법을 사용하여 우리가 정말 어렵게 느껴오던 영어회화의 가장 근간이 되는 문장의 종류와 영어의 시제를 사용한 말하기를 완벽하게 익힐 수 있는 방법을 제시합니다. 영어회화에 자신이 없는 왕초보부터 간단한 회화는 가능하지만 잦은 실수를 범하는 초·중급단계에 있는 분들은 본 책과 함께면 '휘리릭~' 어느새 영어회화의 상당수준까지 도달하여 '아, 영어회화가 이렇게 쉬운 것이었나?' 하는 놀랍지만 누구나 할 수 있는 경험을 하시게 될 것입니다.

고나희 여, 24세, 대학생

늘 영어공부에 부담을 가지고 사는 대학생입니다. 기본으로 토익공부도 하고 회화책도 사보고 했는데 역시나 당장 효과를 보는 것은 쉽지 않은 것 같습니다. 아직도 갑자기 질문을 받았을 때나 영어로 말을 할 때 쉽게 말이 나오지 않는 것은 사실입니다.
이 책을 보고 문형을 바꿔 보는 연습을 하고 나서야 '아… 이런 연습이 내게 필요했구나.' 라는 생각이 들었습니다. 아주 기본적인 문장조차 쉽게 의문문이나 부정문으로 바꾸어 말하지 못하는 것이 영어에 대한 자신감을 떨어뜨리는 요인이었던 거죠. 실생활에서 많이 쓰이는 문장들을 여러 가지 형식으로 바꿔 말해보는 연습을 하는 동안 그동안 무조건 외우면 된다고 믿고 있었던 영어공부에 대한 생각이 바뀌었습니다.
이제는 습관적으로 한 문장을 들으면 부정문, 의문문, 과거형 등 다양하게 생각해 봅니다. 물론 지금은 영어로 말하는 것에 대한 두려움도 많이 없어졌고 더불어 회화 실력도 많이 늘었습니다. 모든 분들이 저와 같은 경험을 해보시길 바랍니다. 영어는 습관입니다.

유은수 남, 30세, 대학원생

간단한 설명이 있는 기본 문장 하나로 여러 가지 형태의 다른 문장으로 변형하는 트레이닝을 할 수 있습니다. 우리나라 사람들은 기본 문장은 잘 만들 수 있지만 조금만 변형시켜 버리면 어쩔 줄 몰라합니다. 사실 영어 회화는 머릿속의 생각을 얼마나 잘 표현하느냐 하는 것인데 이 책의 문장 변형 트레이닝을 꾸준히 하면 모든 형태의 문장을 표현할 수 있을 거라 생각합니다. 그리고 전혀 다른 문장으로만 생각하고 무작정 외우기만 하던 비효율적인 방식을 개선하는 정말 최고의 방법이 될 것입니다.

최선애 여, 35세, 직장인

영어는 필수인 만큼 많은 영어도서들로 공부를 했는데 〈기초영어 말하기 트레이닝 100〉은 다른 느낌의 책이라는 생각이 듭니다. 일단 실생활에서 많이 쓰이는 살아 있는 표현으로 변형 연습을 해서 좋았고 MP3만 들어도 언제 어디서든지 연습할 수 있어서 더 좋았습니다. 특히 MP3는 제시문장과 해석까지 모두 들려줘서 한 번 영어로 생각해본 후에 말할 수 있게 되어 있습니다. 친절하게 모두 녹음이 되어 있어서 출퇴근 길에 책 없이 MP3만 듣고 다니면서 연습했습니다. 자꾸 듣고 연습하다 보니깐 어느새 문장변형이 아주 쉽게 다가왔어요. 그래서 지금은 어디서든 쉽게 영어로 생각하고 스피킹하고 있습니다.
앞으로도 더 연습이 필요하겠지만 정말 영어로 말문이라도 틔고 싶거나 영어로 말하는 것이 곤혹스러운 분들 모두에게 도움이 되는 책이라고 생각합니다.

PREFACE | 머리말

영어가 왜 안 된다고 생각하세요?

"영어가 왜 안 된다고 생각하세요?" 얼마 전 서울에 사는 시민 100명을 대상으로 직접 설문조사를 해보았습니다. 다양한 답변이 나왔지만 가장 많이 등장한 답변 1위, 2위, 3위는 다음과 같습니다.

     1위 - 단어가 짧아서
     2위 - 문법이 약해서
     3위 - 창피하고 자신감이 없어서

그런데 정말 위의 답변들이 정확한 이유일까요? 물론 무시할 수 없는 이유이기도 하겠지만 위의 답변들을 가만히 살펴보면 지극히 일반적인 대답이라는 것을 알 수 있습니다. 어쩌면 내가 왜 영어를 잘 말하지 못하는 것인지에 대한 정확한 이유를 모르고 있는 건 아닐까요?
사실 영어를 알고 공부해 온 시간이 학교생활만 따져봐도 약 10년 정도는 되고, 솔직히 단어는 학교에서 배우는 정도만 알아도 충분하고, 문법 역시 회화에 필요한 정도는 충분히 배웠다고 생각합니다.
또한 서울에서는 밖에만 나가도 주변에서 쉽게 외국인을 마주칠 수 있고 심지어는 시골이나 섬마을에서조차 영어를 쓰는 외국인들을 만나 볼 수 있을 정도로 우리나라는 국제화가 되었습니다. 다시 말해, 이제는 외국인을 만나면 어색하고 낯설어 왠지 모르게 피하게 되는 시대는 아니라는 것입니다. 창피하고 자신감이 없다는 말 역시 정확한 이유라고 볼 수 없는 것이죠.

저는 우리나라 사람들이 영어를 열심히 공부했음에도 잘하지 못하는 이유가 다른 곳에 있다고 봅니다. 충분한 단어 실력과 문법 실력이 있고, 자신감이 있음에도 불구하고 영어를 잘 말하지 못하는 이유는 다음의 두 가지입니다.

1. 문장 만들기를 전혀 하지 못한다
2. 막상 문장을 만들어 놓고도 문장을 다양하게 변형시켜 말하지 못한다

문장 만들기를 하지 못한다는 것은 말 그대로 단어를 이용해서 문장(주어+동사)의 형태로 만들어 말하지 못한다는 것을 의미합니다. 그 이유는 어릴 적부터 영어를 공부할 때 단어 위주로만 공부해 왔고, 실제로 문장으로 만들어 말하는 연습을 하지 않았기 때문입니다.

문장을 다양하게 변형시켜 말하지 못한다는 것은 문장을 의문문으로, 평서문으로, 부정문으로, 조동사가 들어간 문장 등으로 변형하지 못한다는 것을 뜻하는데, 이것 역시 영어를 배울 때 다양한 문장변형 연습을 하지 않고 단어 또는 하나의 문장으로만 만족해왔기 때문입니다.

주변에 보면 SDA라는 어학원이 있습니다. 이 어학원은 20년 전부터 있었는데, 오성식씨를 비롯해서 많은 영어의 달인들이 이 학원에서 영어를 배웠습니다. 이 학원의 장점이 바로 〈문장변형 연습〉입니다. 하나의 문장을 여러 형태의 문장으로 변형하는 연습을 하고, 또한 그 변형한 문장을 계속해서 반복 암기하도록 하는 것입니다. 그리고 이러한 연습 과정을 최소한 6개월을 반복하는데, 그러니 당연히 말문이 기가 막히게 트일 수밖에 없는 것이죠. 바로 우리나라 사람들에게는 이런 '문장변형 연습'과 '반복 학습 방법'이 꼭 들어맞는다고 생각합니다.

다음을 한 번 살펴볼까요? '그 사람이 나를 저녁 식사에 데려간다'라는 영어 문장, He's taking me out to dinner.를 문장변형 시켜 봅시다.

    1. 과거형으로 변형하면
    → He took me out to dinner last night.

PREFACE | 머리말

2. 미래형으로 변형하면
   → He will take me out to dinner tomorrow night.

3. 부정문으로 변형하면
   → He isn't taking me out to dinner.

4. 미래형 / 의문문으로 변형하면
   → Will he take you out to dinner?

5. never를 넣어서 강한 부정문으로 변형하면
   → He never takes me out to dinner.

여기서 보듯이 He's taking me out to dinner.라는 하나의 문장을 우리는 아주 쉽게 다섯 개의 문장 형태로 '휘리릭~' 변형시켜서 말할 수 있습니다. 이처럼 문장의 요소를 살짝 변형시켜서 다양하게 표현하는 것, 이것이 바로 〈문장변형 연습〉입니다.

자 그렇다면, 이제는 다음 문장을 여러분이 한 번 직접 변형시켜 보세요.

We broke up in March. 우리는 3월에 헤어졌어.

---

1. 미래형 / 부정문으로 변형   (우리는 안 헤어질 거야.)

   _____

2. 주어를 You / 과거형 / 의문문으로 변형   (너 3월에 헤어졌어?)

   _____

3. 주어를 바꿔서 묻는 말투로 변형   (너희들 3월에 헤어졌어?)

   _____

4. never를 넣어서 강한 부정으로 변형 (우린 절대 안 헤어질 거야.)

_____

5. need to를 넣어서 변형 (우린 헤어져야 해.)

_____

정답은 본문 189페이지를 참고

어떤가요? 쉽게 느껴지시나요? 별거 아니라고 생각할 수도 있지만 생각만큼 쉽게 대답이 나오지 않을 수도 있습니다. 하지만 연습을 하다 보면 금방 익숙해져서 앞으로는 어떤 영어 문장을 보던 문장을 응용해서 변형해 보는 습관이 생기게 될 것입니다.
아무쪼록 이 책을 통해 여러분의 영어가 한 걸음 더 발전하기를 진심으로 바랍니다.

백선엽

HOW TO USE THIS BOOK | 이 책의 활용법

《기초영어 말하기 트레이닝 100》
은 하루 5문장을 총 20일 동안 연습하도록 구성되어 있습니다. 그리고 1문장을 5개의 문장으로 변형하여 말하는 트레이닝을 합니다.
1문장을 5문장으로 확장시키는 연습을 꾸준히 하다 보면 20일 안에 확 달라진 영어 실력을 느낄 수 있을 것입니다.

Q1 4주 동안 어떤 내용들을 문장변형 연습하게 되나요?

'어렵게 영어 공부하지 말자!', '내 주변의 영어 표현부터 확실하게 익히자!' 라는 컨셉에서 '일상생활, 사교생활, 여가생활, 학교생활'을 각각 1주씩 4주로 나누어 구성하였고, 여러분에게 꼭 필요하고 생활에서 바로바로 활용이 가능한 영어표현으로 연습할 수 있도록 하루 동안 꼭 하게 되는 일들과 자주 가게 되는 장소, 최근 관심이 많은 주제들을 내용으로 뽑았습니다.

GRAMMAR SUMMARY
[문장변형 연습을 위한 기초문법 정리]

문장변형 트레이닝을 시작하기 전에 가장 기본이 되는 문법들을 대해 살펴보며 자신의 기초 문법 실력을 점검합니다.

5 SENTENCES PREVIEW
[주요 문장 미리 살펴보기]

본격적인 트레이닝에 앞서 미리 변형 연습을 할 대표문장들을 살펴봅니다.

Q2 변형 연습을 하는 메인 문장들은 무엇인가요?

하루를 대표하는 문장들은 5개씩 구성되어 있습니다. 생활 속의 생생한 표현이 담긴 문장들입니다. 문장 안에 사용된 단어들은 어렵지 않으면서도 기본적인 문장 구조를 갖추고 있어 변형 연습이 수월합니다.

Q3 어떤 형태로 바꿔 말하는 연습을 하게 되나요?

지시에 따라 다양한 형태로 문장을 바꿔 보는 연습을 하게 되는데, 긍정문, 부정문, 의문문과 같이 문장 형태를 바꿔 보기도 하고, 과거·현재·미래와 같이 시제에 따라 변형해 보는 연습도 합니다.
다양한 형태로 문장을 바꾸는 연습을 계속하면서 영어에 대한 자신감을 키울 수 있습니다.

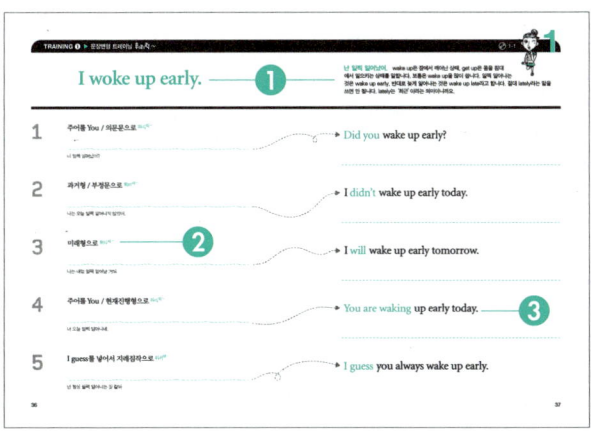

TRAINING [문장변형 트레이닝]

본격적인 문장변형 연습입니다.
① 대표 문장을 먼저 보고 문장과 관련한 간단한 설명을 살펴봅니다.
② 문장변형 지시에 따라 문장을 바꾸는 연습을 합니다.
③ 색이 있는 글자에 주의하며 변형한 문장이 맞는지 확인해 봅니다.

MP3 다운로드

www.jungwonbook.com
회원가입 후 자료실에서 다운로드하세요.

CONTENTS

▶ 문장변형 연습을 위한 기초문법 정리 Grammar Summary P.17

1st WEEK 일상 생활

DAY 01 일어나기 P.34

I woke up early. 난 일찍 일어났어.
I slept in late. 난 늦게까지 푹 잤지.
I made my bed. 침대 정리 내가 했지.
I turned off the alarm. 알람을 꺼버렸어.
I picked up my room. 방 정리 다 끝냈다고.

DAY 02 세수하기 P.46

I always take long showers. 난 항상 샤워를 오래 해.
I shampooed my hair. 난 머리를 감았어.
I flossed my teeth. 난 치실로 이를 청소했어.
I blow-dried my hair. 난 머리를 드라이했어.
I applied make-up. 나 화장했어.

DAY 03 아침 식사 P.58

I drink tea with my breakfast. 난 아침 식사에 차를 함께 마셔.
I spread jam on my toast. 난 토스트에 잼을 발랐어.
I drank the rest of the milk. 난 남은 우유를 다 마셨어.
I ate my cereal quickly. 난 빠르게 시리얼을 먹었어.
I chewed my toast slowly. 난 토스트를 천천히 씹었어.

DAY 04 외출 준비 P.70

I am running late. 난 지금 늦었어.
I packed up my backpack. 난 가방을 쌌어.
I got dressed for work. 난 출근하려고 옷을 차려 입었어.
I had to ask my mom for some extra money. 난 엄마한테 돈을 더 달라고 해야만 했어.
I locked the door behind me. 난 문을 잠그고 나갔어.

DAY 05 이동하기 P.82

I ran to the bus stop. 난 버스정류장으로 달려갔어.
I waited for ten minutes at the bus stop. 난 버스정류장에서 10분을 기다렸어.
I listen to my iPod on the bus. 난 버스에서 iPod을 들었어.
I got stuck in traffic. 난 차가 막혀 꼼짝달싹 못 했어.
I drove to school today. 난 오늘 차를 몰고 학교에 갔어.

2nd WEEK 사교 생활

DAY 06
커피와 수다
P.96

Can you get me an espresso? 나에게 에스프레소 한 잔 줄래?
We chatted for about an hour. 우린 한 시간 동안 수다를 떨었어.
We ran into Anna. 우린 애나를 우연히 만났어.
I always get a cappuccino. 난 항상 카푸치노를 마셔.
They have great chocolate chip cookies.
거기는 초콜릿 칩 쿠키가 끝내줘.

DAY 07
공연 관람
P.108

The show starts at 7p.m. 공연은 저녁 7시에 시작이야.
I bought my movie ticket online. 난 온라인으로 영화 티켓을 샀어.
I picked up my ticket at the counter. 난 카운터에서 티켓을 찾았어.
I really enjoyed the movie. 난 정말 그 영화를 재밌게 봤어.
It was a very sad movie. 그건 정말 슬픈 영화였어.

DAY 08
쇼핑
P.120

I decided to buy the jeans. 나는 진을 사기로 마음먹었어.
I am looking for a new spring jacket.
나는 신상 봄 재킷을 찾고 있어.
There are great sales at the outlet mall.
아울렛 몰에서 대박 세일을 한데.
My friend forgot her wallet. 내 친구가 지갑을 깜빡 했어.
I like the striped shirt. 나는 줄무늬 셔츠가 좋아.

DAY 09
음식점에서
P.132

My friend ordered a soda. 내 친구가 음료수를 시켰어.
I'd like some hash browns. 난 해시 브라운즈를 먹고 싶어.
We tried a few other restaurants. 우린 다른 식당들 몇 곳도 가봤어.
Would you like to see the wine list? 와인 리스트를 좀 보시겠어요?
We split the check. 우린 나눠서 계산해.

DAY 10
클럽에서
P.144

I meet up with my friends at a bar. 난 바에서 친구들을 만나.
We can't find a table. 우린 테이블을 잡을 수 없어.
I'm going to grab a brew. 난 맥주 한잔하려고 해.
I saw a lot of my friends at the party.
나는 파티에서 많은 친구들을 봤어.
I didn't get home until dawn. 나는 새벽에야 집에 들어갔지.

CONTENTS

3rd WEEK 여가 생활

DAY 11
집에서의 휴식
P.158

My family is having dinner together tonight.
오늘 밤에 가족끼리 함께 식사할 거야.
I made a delicious dessert. 내가 맛있는 디저트를 만들었어.
I took a short nap just after lunch.
난 점심 먹고 나서 짧게 낮잠을 잤어.
I missed the teaser. 난 예고편을 놓쳤어.
It's a rerun! 재방송이다!

DAY 12
컴퓨터
P.170

I use Twitter a lot lately. 난 최근에 트위터를 많이 써.
I check Facebook many times every day.
난 매일 몇 번씩 페이스북을 확인해.
I bookmarked it. 난 그것을 북마크했어.
I keep getting spam. 난 스팸이 계속 들어온다니까.
You can text message with your cell phone.
넌 휴대전화로 문자 보낼 수 있어.

DAY 13
이성 친구
P.182

He's taking me out to dinner. 그가 날 저녁 식사에 데려갈 거야.
He fixed me up with one of his friends.
그가 그의 친구 중 한 명이랑 날 소개팅을 시켜줬어.
We broke up in March. 우리는 3월에 헤어졌어.
We really hit it off. 우린 정말 서로 잘 통했지.
She is two-timing you. 그녀는 너한테 양다리 걸치고 있어.

DAY 14
운동
P.194

I'm trying to get in shape. 난 몸 관리를 하려고 해.
I decided to work out tonight. 난 오늘 저녁에 운동하기로 했어.
He runs on the treadmill at the health club.
그는 헬스장에서 러닝머신을 뛰어.
I swim laps until I'm tired. 난 피곤할 때까지 수영장을 왔다갔다 수영해.
I lift weights every once in a while. 난 가끔 웨이트 트레이닝을 해.

DAY 15
다이어트
P.206

I'm on a diet right now. 나는 지금 다이어트 중이야.
I'm avoiding white bread. 나는 흰 빵을 피하고 있어.
I'm trying to lose my beer belly. 나는 똥배를 빼려고 애쓰고 있어.
It's difficult to follow a diet. 식단을 따르는 건 어려워.
Have you been on a diet? 다이어트를 해본 적 있어?

4th WEEK 학교 생활

DAY 16 수업 듣기 P.220

We had a quiz in math. 우린 수학 쪽지 시험을 봤어.
I got a good grade on my English paper. 난 영어 과제에서 좋은 점수를 받았어.
I often skip my chemistry lecture. 난 종종 화학 강의를 빼먹어.
I think I aced the quiz. 난 시험을 100점 받은 것 같아.
We got last week's test back. 우린 지난주에 봤던 시험 결과를 돌려받았어.

DAY 17 스터디 그룹 P.232

I met with my study group at the student union. 난 학생회관에서 내 스터디 그룹을 만났어.
We study outside when the weather is nice. 우린 날씨가 좋을 땐 밖에서 공부해.
I like most of the members of the group. 난 우리 그룹원 대부분을 좋아해.
We can't get a hold of him. 우린 그와 연락이 안 돼.
Sometimes we study late into the night. 가끔 우린 밤늦게까지 공부해.

DAY 18 스펙 쌓기 P.244

I took the TOEFL test. 난 토플 시험을 쳤어.
I have to cram for the TOEIC test. 난 토익 시험에 벼락치기 공부를 해야 해.
I'm just skimming the reading. 난 그냥 대충 읽어보고 있어.
I am taking an English Speaking Course next month. 난 다음 달에 영어 회화 수업을 들을 거야.
I've signed up for 3 classes. 나는 세 과목을 신청했어.

DAY 19 시험 공부 P.256

You must study before taking a test. 넌 시험 보기 전에 공부해야만 해.
I'm nervous about the midterm. 난 중간고사가 걱정 돼.
I think I will pass the midterm. 난 중간고사를 통과할 거라고 생각해.
I highlight the important terms in each chapter. 난 각 챕터마다 중요한 용어들을 표시해.
I don't have time to study everything! 난 모든 것을 공부할 시간이 없어!

DAY 20 동아리 활동 P.268

She seems to be kind of shy. 그녀는 좀 수줍어하는 것 같아.
She's sort of needy. 그녀는 좀 도움이 필요한 스타일이야.
They put up a poster to find members. 그들은 회원을 모집하려고 포스터를 붙였어.
I'm a member of a snowboarding club. 나는 스노보드 클럽 회원이야.
I'm afraid of heights. 난 고소공포증이 있어.

문장변형 연습을 위한 기초문법 정리
GRAMMAR SUMMARY

INTRO

GRAMMAR SUMMARY ❶

일반동사로 평서문 만들기

모든 일반동사는 주어 뒤에 놓는다!

모든 일반동사는 주어(I, He, She, They…) 뒤에 자연스럽게 가져다 놓으면 됩니다. am/are/is 와 같은 be동사는 초등학교 4학년만 되어도 줄줄 외우는 가장 기본이 되는 동사인데, 동사에는 이 be동사 말고도 '일하다, 읽다, 먹다, 놀다, 마시다…' 등과 같이 수없이 많은 동사가 존재합니다. 이들 동사들을 영문법 용어로 일반적인 동사, 즉 일반동사라고 하는데 이들 동사는 I, He, She 등과 같은 주어 뒤에 그냥 따라 붙습니다.

> I work …　　　　They play …　　　We drink …
> He drives …　　　She helps …

단, 3인칭이라고 말하는 He, She, It 다음의 일반동사는 현재 상황일 경우 동사에 -s/-es를 붙여서 drives, helps와 같이 표현해야 합니다.

I like pets.
나는 애완동물을 좋아해.

You work very hard.
너는 일을 정말 열심히 해.

Eun Hye speaks three languages.
은혜는 3개 국어를 말해.

They have a lot of money.
그 사람들은 돈이 정말 많아.

MINI DIALOGUE
A: I like money. 난 돈을 좋아해.
B: Me too. 나도 그래.

GRAMMAR SUMMARY ❷

일반동사로 부정문 만들기

일반동사 앞에 don't / doesn't를 붙이자!

앞에서 일반동사 work를 이용해 I work.(나는 일한다.)를 배워 보았습니다. 그렇다면 '나는 일을 하지 않는다'를 영어로 어떻게 말할까요? 즉, 일반동사 work를 부정문으로 바꿀 때 어떻게 하면 될까요? 간단합니다. don't나 doesn't를 이용하면 됩니다. I, We, They는 don't work를 넣어주고, '나'와 '너'가 아닌 우리가 흔히 3인칭이라고 하는 He, She, It은 doesn't work를 넣어서 표현하면 됩니다.

I don't like pets.
난 애완동물 별로야.

You don't work very hard.
넌 일을 열심히 안 해서 탈이야.

Eun Hye doesn't speak three languages.
은혜는 3개 국어를 말하지 못해.

They don't have a lot of money.
걔들 개털이야.

MINI DIALOGUE
A: I don't like pets. 난 애완동물을 좋아하지 않아.
B: I love pets. 난 애완동물 너무 좋은데.

GRAMMAR SUMMARY ❸

일반동사로 의문문 만들기

주어 앞에 Do / Does를 붙이자!

자, 다음은 일반동사를 이용한 의문문 차례입니다. 뭔가를 물어보는 문장을 의문문이라고 하는데요, 그렇다면 일반동사 work를 이용한 의문문은 어떻게 만들어야 할까요? 이것 또한 어려울 것 없습니다. 이때는 주저할 것 없이 Do you ...를 이용해서 표현하고, 의문문이므로 마지막에 '물음표(?)' 즉, Question 마크만 확실하게 찍어 주면 됩니다. 여기서 한 가지 비교해 봐야 할 게 있는데요, be동사의 의문문은 Are you ...?, Am I ...?, Is ...?인데 반해 일반동사의 의문문은 Do you ...? 또는 Does he(she) ...?로 말한다는 사실이죠. 잊지 마세요!

Do you like pets?
너 애완동물 좋아해?

Do you work hard?
넌 일을 열심히 하니?

Does she speak three languages?
그녀는 3개 국어를 말하니?

Do they have a lot of money?
걔들 돈 많아?

MINI DIALOGUE

A: Do you have a lot of friends? 너 친구 많아?
B: No, I don't. 아니, 별로.

GRAMMAR SUMMARY ❹
be동사로 과거형 문장 만들기

am / are / is 대신 was / were를 넣자!

요즘 초등학생도 아는 be동사라고 했으니 다른 설명을 할 필요는 없을 것 같네요. be동사에는 am / are / is가 있다고 했죠? 이것들의 과거형은 무엇일까요? 맞습니다. 바로 was와 were입니다. 과거형 문장 만들기 실전으로 들어가려면 다음의 예문을 이해해야 합니다.

I am hungry. 난 (현재) 배가 고파.
She is 21. 그녀는 (올해) 21살이야.
The weather is nice. (오늘) 날씨가 좋네.
You are late. 넌 (지금) 늦었어.

위의 예문들은 보다시피 현재를 나타내는데 이것들을 과거로 바꿔 봅시다. 과거 동사를 쓸 때는 과거라는 점을 나타내 주기 위해서 과거를 나타내는 시제가 함께 쓰여야 문법적으로 맞고 말도 맞습니다. 그러므로, 위의 현재형 문장들은 아래와 같이 바꿔야 올바른 과거형 문장이 됩니다.

I was hungry last night.
난 어젯밤에 배가 고파 죽는 줄 알았어.

She was 21 last year.
그녀는 작년에 21살이었지.

The weather was nice last week.
지난주 날씨가 죽이더라.

You were late yesterday.
너 어제 늦었어.

MINI DIALOGUE

A: I was very tired last night. 난 어젯밤에 정말 피곤했어.
B: Oh, really? Why? 그래? 왜 피곤했는데?

21

GRAMMAR SUMMARY ❺
일반동사로 과거형 문장 만들기 ❶

동사의 원형에 -ed를 붙이자!

기본적으로 동사의 과거형은 동사의 원형에 -ed를 붙여서 만들면 됩니다. be동사 am/are/is와 was/were를 쓰지 않는 보통의 문장들을 과거의 일로 표현할 때는 worked, danced, stayed …… 등과 같이 동사의 원형에 -ed를 붙여서 과거형으로 표현해야 말이 됩니다. 가령, 어제 내가 일을 했다면 I work yesterday.가 아니라 I worked yesterday.라고 써야 하는 것이죠. worked는 과거형이므로 당연히 과거의 시제를 나타내는 부사 yesterday가 함께 왔다는 사실을 명심하세요.

---

work → worked   stay → stayed
help → helped   start → started
enjoy → enjoyed

I worked very hard yesterday.
난 어제 정말 열심히 일했어.

I stayed the Hilton Hotel last night.
난 어젯밤에 힐튼 호텔에서 묵었어.

She cleaned her room this morning.
그녀는 오늘 아침에 자기 방을 청소 했어.

They watched TV last night.
걔들은 어젯밤에 TV를 봤어.

GRAMMAR SUMMARY ❻
일반동사로 과거형 문장 만들기 ❷

-ed로 해결할 수 없는 대표적인 40개 동사들의 과거형은 외워 두자!

begin - began	get - got	ring - rang
break - broke	give - gave	say - said
bring - brought	go - went	see - saw
build - built	have - had	sell - sold
buy - bought	hear - heard	sit - sat
catch - caught	know - knew	sleep - slept
come - came	leave - left	speak - spoke
do - did	lose - lost	stand - stood
drink - drank	make - made	take - took
eat - ate	meet - met	tell - told
fall - fell	pay - paid	think - thought
find - found	put - put	win - won
fly - flew	read - read	write - wrote
forget - forgot		

I got up at 8 this morning.
난 오늘 아침 8시에 일어났어.

Yesterday we went to work by train.
어제 우린 기차를 타고 일하러 갔습니다.

I drank coffee yesterday afternoon.
전 어제 오후에 커피를 마셨어요.

I lost my key last Saturday.
난 지난 토요일 날 열쇠를 잃어버렸어.

GRAMMAR SUMMARY ❼
과거 동사로 과거 부정문 만들기

didn't를 붙이고, 동사를 원래 형태로 되돌리자!

과거 동사의 부정문엔 didn't를 붙이고 동사를 원래 형태 즉, 원형으로 되돌리면 됩니다.

```
I worked   → I didn't work      I stayed   → I didn't stay
I cleaned  → I didn't clean     I watched  → I didn't watch
I played   → I didn't play
```

I didn't work yesterday.
나는 어제 일하지 않았어.

I didn't stay the Hilton Hotel last week.
나는 지난주에 힐튼호텔에 묵지 않았어요.

She didn't clean her room this morning.
그녀는 오늘 아침에 자기 방 청소를 하지 않았어.

He didn't play basketball last night.
걔는 어젯밤에 농구하지 않았어.

MINI DIALOGUE
A : I didn't played pool last night. 난 어젯밤에 포켓볼 치지 않았어.
B : I did. 난 쳤는데.

GRAMMAR SUMMARY ❽

과거 의문문 만들기

과거에 있었던 질문은 무조건 Did you ...?를 쓴다!

과거에 있었던 질문은 무조건 Did you ...?를 써서 표현하세요! 앞에서 우리는 work, play와 같은 일반동사의 현재형을 의문문으로 만들때 Do you ...?의 형태를 쓴다고 배웠습니다. 그렇다면 이들 work, play의 과거 의문문은 어떻게 만들까요? 간단합니다. Do의 과거형이 Did이니 Did you ...?라고 쓰면 됩니다.

Did you meet Tom last Sunday?
너 지난 일요일에 Tom 만났어?

Did you do your homework?
너 숙제 다 했니?

Did you go there?
너 거기 갔어?

Did you take a shower?
샤워했어?

MINI DIALOGUE

A : Did you meet Jason last night? 너 어젯밤에 Jason 만났어?
B : No, I didn't. 아니, 안 만났는데.

GRAMMAR SUMMARY ❾

I am going to… / I will…로 미래형 문장 만들기 ❶

미래는 be going to …로 표현하자!

영어에서 '…할 예정이다'라는 말은 100% I'm going to …를 써서 표현하면 됩니다. 구구절절한 설명은 모두 집어치우고 예문을 통해서 실전을 연습해 봅시다.

I am going to … → = I'm going to … → = I'm gonna …

I'm going to buy some books this afternoon.
난 오늘 오후에 책을 좀 사러 갈 예정이야.

He's going to sell his car.
그는 그의 차를 팔려고 해.

I'm going to wash my hands.
난 손을 씻을 거야.

They're going to New York City.
걔들은 뉴욕에 갈 예정이야.

MINI DIALOGUE

A: What are you going to do this afternoon?
너 오늘 오후에 뭐 할 거야?
B: I'm going to go shopping. 난 쇼핑을 갈 예정이야.

GRAMMAR SUMMARY ⑩

I am going to ... / I will ...로 미래형 문장 만들기 ❷

I'm going to ...의 반대 표현은 I'm not going to ...를 쓴다!

I'm not going to ...를 자연스럽게 발음하는 것이 처음에는 쉽지 않지만, 몇 번만 제대로 연습하면 입에 딱 붙어 쓰기 좋습니다. 축약하면서 자연스럽게 입에 붙이는 연습해보세요.

> I am not going to ... → = I'm not going to ... → = I'm not gonna ...

I'm not going to **help you.** 널 도와주지 않을 거야.
I'm not going to **lie to you.** 당신에게 거짓말은 하지 않을 겁니다.
I'm not going to **fight.** 싸움은 하지 않을 겁니다.
I'm not going to **hurt you.** 널 다치게 하지 않을 거야.

be going to ...든 will이든 입에 붙는 대로 맘대로 골라 쓰세요!

영어초보자라면 누구나 한 번쯤 물어보는 질문이 '미래 시제에는 be going to를 써야 하나요? 아니면 will을 써야 하나요?' 입니다. 나는 이 질문에 자신 있게 대답할 수 있습니다. 영어 전문가가 아닌 이상 그냥 아무거나 쓰고 싶은대로 막 써도 된다고요.
그러므로 I'm going to buy some books tomorrow., I will buy some books tomorrow.로 구별하는 것은 무의미합니다.
그러나 만일 여러분이 지금 막 결정을 하고 뭔가를 당장 하려는 상황이라면, 이때는 될 수 있으면 be going to ...를 써서 말하는 것이 훨씬 세련된 표현입니다.

I'm going to **have a sandwich.** 난 샌드위치를 먹으려고 그래.
I'm going to **see my girlfriend.** 난 내 여자 친구를 만날 거야.
I'm going to **sit there.** 난 저기 앉을 거야.

GRAMMAR SUMMARY ⓫

조동사로 문장 만들기 ❶

조동사는 동사 앞에 붙인다!

'나는 한다'를 영어로 하면? I do. 그러면 '나는 할 수 있다'를 영어로 말하면? I can. 그러나 이때의 can은 조동사이므로 can 뒤에 마음대로 원하는 동사를 붙이면 '나는 …을 할 수 있다'라는 문장을 쉽게 만들 수 있습니다.

동사에서 동(動)은 움직인다는 뜻이죠. 그럼 조동사는 무슨 의미일까요? [도울 조(助) + 동사]로 동사 앞에서 동사를 도와준다는 뜻입니다. 다시 말해서 can과 같은 조동사 뒤에는 반드시 eat, help, go 등과 같은 동사가 와야 합니다. 이처럼 조동사는 혼자서는 절대 쓰지 못하지만 모든 동사를 도와주는 빛나는 조연입니다. 상황에 따라 can 대신에 must, have to, may, will, should와 같은 조동사를 쓸 수 있습니다.

I do. 나는 한다. → I can do. 나는 할 수가 있다.

I swim. 나는 헤엄친다. → I can swim. 나는 헤엄을 칠 수 있다.

I can play the piano.
나는 피아노를 칠 수 있어.

He can speak English.
그는 영어로 말할 수 있어.

I can speak Mongolian.
나는 몽골어를 할 수 있어.

My brother can play basketball.
우리 형은 농구를 할 수 있어.

MINI DIALOGUE

A: Can you play the piano? 너 피아노 칠 수 있어?
B: Yes, I can. 당근이지.

GRAMMAR SUMMARY ⑫

조동사로 문장 만들기 ❷

I can의 부정문은 I can't(=I can not)

영국식 영어와 미국식 영어의 대표적인 차이점은 I can't의 발음에서 찾을 수 있습니다. I can't를 영국식으로 발음하면 '아이 칸', 미국식으로 발음하면 '아이 켄(강하게 발음)'이 됩니다. I can't는 I can not을 줄여서 표현한 것으로, 아주 강하게 '나는 …을 할 수가 없어' 라는 의미입니다. 생각만큼 [t] 발음이 명확하게 들리지 않으므로 종종 can이라고 반대로 알아들을 수 있으니 주의하세요.

I can't speak Spanish.
나는 스페인어를 하지 못합니다.

I can't do that.
난 그것을 할 수 없어.

They can't come.
걔들 못 와.

He can't eat meat.
그는 고기를 못 먹어.

can을 이용한 의문문을 만들고 싶다면 주어와 위치를 바꿔서 can을 문장 앞에 놓으면 됩니다.

Can you change a twenty-dollar bill?
20달러짜리 지폐를 좀 바꿔주실 수 있어요?

Can you swim?
수영할 수 있으세요?

MINI DIALOGUE

A: Can you help me? 날 좀 도와줄 수 있니?
B: Sorry. I can't help you. 미안해. 도와줄 수 없어.

GRAMMAR SUMMARY ⑬

목적격으로 변형시켜 문장 만들기

나와 너와 우리 그리고 그들은 그때그때 다르다!

영어로 말하려면 I, we, you, he, she, they 등이 필요한데 영어는 요상해서 이들이 문장 뒤로 갈 경우에는 me, us, you, him, her, them 등으로 얼굴을 확 바꿔버립니다. 바꾸지 않으면 뭔가 이상한 문장이 되기 때문이죠. 즉, 문장 자체가 말이 안 된다는 것입니다.

주어로 쓸 때(앞에 나올 때)	목적어로 쓸 때(뒤로 들어갈 때)
I	me 나를
we	us 우리를
you	you 너를
he	him 그를
she	her 그녀를
they	them 그들을

다음의 예문만 이해하고 외우면 목적격 변형은 해결됩니다.

I know Janet. → Janet knows me.
We know Janet. → Janet knows us.
You know Janet. → Janet knows you.
He knows Janet. → Janet knows him.
She knows Janet. → Janet knows her.
They know Janet. → Janet knows them.

MINI DIALOGUE
A: Do you know Janet? 너 Janet 알아?
B: Yeah, I know her well. 당근, 잘 알지.

GRAMMAR SUMMARY ⑭

소유격으로 변형시켜 문장 만들기

소유격 역시 쓰임이 그때그때 다르다!

우리말로는 '나의, 너의, 그들의, 그녀의' 등을 소유격이라고 하는데, 영어에서도 각각의 상황에 따라 다르게 써야 문법적으로 맞는 말이 됩니다.

주어로 쓸 때	소유격으로 쓸 때
I	my 나의
we	our 우리의
you	your 너의
he	his 그 사람의
she	her 그 여자의
they	their 그들의
it	its 그것의

I like my job. 나는 나의 일을 좋아해.
We like our jobs. 우리는 우리가 하는 일을 좋아해.
You like your job. 너는 네가 하는 일을 좋아해.
He likes his job. 그는 그가 하는 일을 좋아해.
She likes her job. 그녀는 그녀가 하는 일을 좋아해.
They like their jobs. 걔들은 자기들이 하는 일을 좋아해.
Jeju island is famous for its mountain. 제주도는 산으로 유명해.

MINI DIALOGUE

A : Do you like your job? 너는 네가 하는 일이 맘에 들어?
B : Of course. I do. 그럼. 당근이지.

GRAMMAR SUMMARY ⑮

부가의문문 만들기

평서문으로 할 말 다 하고 의문문의 형태로 만들자!

부가의문문은 문장을 다 말하고 나서 꼬리표(tag)처럼 말끝에 달라붙기 때문에 tag question이라고 합니다. 평서문으로 할 말을 하고 뒤에는 의문문과 같이 물음표를 붙이고, 어순도 의문문의 형태로 만들어 줍니다. 자기가 한 말을 다시 확인하거나, 다짐할 때, 또는 허락을 구할 때 쓰며 회화에서도 많이 사용합니다.

부가의문문 만드는 방법 6원칙

1. 앞에 나온 동사와는 무조건 반대로 만든다. 긍정은 부정으로, 부정은 긍정으로.
2. 시제를 같이 따른다. 현재면 현재로, 과거면 과거로.
3. 주절에 be, have, 조동사가 아닌 일반동사가 쓰였으면 do를 이용해서 만든다.
4. 주절에 no, anyone, hardly, nothing 등이 있으면 부정의 뜻이 있으므로 긍정으로 만든다.
5. Let's라는 문장의 부가의문문은 shall we로 만든다.
6. 명령문에는 will you로, 권유에는 won't you로 만든다.

don't you? / didn't you? / do you?로 부가의문문 만들기

- You love the ballet, don't you?
- You just told a joke, didn't you?
- You don't want to go there, do you?

aren't you? / aren't we?로 부가의문문 만들기

- You're coming with us, aren't you?
- We're giving him a ride to work, aren't we?

right?로 부가의문문 만들기

- No one has to know, right?
- David took care of it, right?

일상 생활

DAY 01 일어나기 | DAY 02 세수하기
DAY 03 아침 식사 | DAY 04 외출 준비
DAY 05 이동하기

1st WEEK

DAY 01 일어나기

오늘은 〈일어나기〉라는 주제와 관련한 문장변형 연습을 합니다.
아침에 일어나는 상황에서 많이 쓰는 생생한 표현이 담긴 5개의 주요 문장을
지시문에 따라 변형하며 말해보세요.

5 Sentences Preview

문장변형 연습을 할 주요 문장 5개를 미리 살펴봅니다.

트레이닝 1
I woke up early.
난 일찍 일어났어.

트레이닝 2
I slept in late.
난 늦게까지 푹 잤지.

트레이닝 3
I made my bed.
침대 정리 내가 했지.

트레이닝 4
I turned off the alarm.
알람을 꺼버렸어.

트레이닝 5
I picked up my room.
방 정리 다 끝냈다고.

TRAINING ❶ ▶ 문장변형 트레이닝 휘리릭~

I woke up early.

1   주어를 You / 의문문으로 휘리릭~

너 일찍 일어났어?

2   과거형 / 부정문으로 휘리릭~

나는 오늘 일찍 일어나지 않았어.

3   미래형으로 휘리릭~

나는 내일 일찍 일어날 거야.

4   주어를 You / 현재진행형으로 휘리릭~

너 오늘 일찍 일어나네.

5   I guess를 넣어서 지레짐작으로 휘리릭~

넌 항상 일찍 일어나는 것 같아.

1

난 일찍 일어났어. wake up은 잠에서 깨어난 상태, get up은 몸을 침대에서 일으키는 상태를 말합니다. 보통은 wake up을 많이 씁니다. 일찍 일어나는 것은 wake up early, 반대로 늦게 일어나는 것은 wake up late라고 합니다. 절대 lately라는 말을 쓰면 안 됩니다. lately는 '최근' 이라는 의미이니까요.

Did you wake up early?

I didn't wake up early today.

I will wake up early tomorrow.

You are waking up early today.

I guess you always wake up early.

TRAINING ❷ ▶ 문장변형 트레이닝 휘리릭~

I slept in late.

1 부정문으로 휘리릭~

나는 어제 푹 자지 못했어.

2 부정문 / 부가의문문으로 휘리릭~

나 늦게까지 푹 못 잤지? 그렇지?

3 주어를 You / 의문문으로 휘리릭~

너 오늘 아침 늦게까지 푹 잤니?

4 현재진행형 / 의문문으로 휘리릭~

너 오늘 늦게까지 자고 있니?

5 I am still tired. / 접속사로 두 문장을 하나로 휘리릭~

난 늦게까지 푹 잤지만, 여전히 피곤해.

난 늦게까지 푹 잤지. 잠을 늦게까지 푹 자는 것을 sleep in late라고 합니다. '잠을 잘 자다' 라는 표현은 sleep well, sleep deeply, have a good sleep 등을 쓸 수 있고, 반대로 '잠을 잘 못 잤다' 는 didn't sleep well, '잠을 뒤척였다' 는 tossed and turned라고 합니다. 아침형 인간은 morning person, 올빼미형 인간은 night person입니다.

➤ I didn't sleep in late yesterday.

➤ I didn't sleep in late, did I?

➤ Did you sleep in late this morning?

➤ Are you sleeping in late today?

➤ I slept in late but I am still tired.

TRAINING ❸ ▶ 문장변형 트레이닝 휘리릭~

I made my bed.

1   주어를 You / 의문문으로 휘리릭~

너 침대 정리했니?

2   yesterday morning을 붙여 과거형 부정문으로 휘리릭~

나는 어제 아침에 침대 정리를 하지 않았어.

3   미래형 / later를 넣어서 나중에 정리한다는 의미로 휘리릭~

나중에 내가 정리할 거야.

4   공손하게 휘리릭~

제 침대를 정리해주시겠어요?

5   주어를 We / 부정문으로 휘리릭~

우리가 항상 침대 정리하는 건 아니야.

3

침대 정리 내가 했지. make my bed를 '침대를 만든다' 라고 이해를 하면 곤란하죠. 이불을 털고 베개를 바로 놓는 등 침구를 정리하는 것을 make the (one's) bed라고 합니다. 즉, 엄마가 아들에게 '침대 정리 다 했니?' 라고 묻는 것이 영어로는 Did you make your bed?가 됩니다.

- Did you make your bed?

- I didn't make my bed yesterday morning.

- I will make my bed later.

- Could you make my bed for me?

- We don't always make our beds.

TRAINING ❹ ▶ 문장변형 트레이닝 휘리릭~

I turned off the alarm.

1 과거형 / 의문문으로 휘리릭~

내가 알람을 껐니?

2 주어를 You / 부정문 / 부가의문문으로 휘리릭~

넌 알람을 끄지 않았어, 그렇지?

3 미래형으로 휘리릭~

난 30분 후에 알람을 끌 거야.

4 early yesterday를 붙여서 휘리릭~

난 어제 알람을 일찍 껐어.

5 can을 붙여서 나 혼자 할 수 있다는 뜻으로 휘리릭~

나 혼자 알람을 끌 수 있어.

4

알람을 꺼버렸어. turn on은 무언가를 '켰다', 수도꼭지를 '돌리다' 라는 의미입니다. 방 안에 있는 조명을 켜거나, 컴퓨터를 부팅할 때, 텔레비전을 켤 때, 가스, 선풍기, 에어컨 기타 등등을 켤 때 turn on 하나면 오케이죠! turn off는 이와 반대로 모든 것을 '끄다' 라고 할 때 사용하면 됩니다.

▶ Did I turn off the alarm?

▶ You didn't turn off the alarm, did you?

▶ I will turn off the alarm in a half hour.

▶ I turned off the alarm early yesterday.

▶ I can turn off the alarm myself.

TRAINING 5 ▶ 문장변형 트레이닝 휘리릭~

I picked up my room.

1 주어를 you / 의문문으로 휘리릭~

너 네 방 정리했니?

2 미래형 / 의문문으로 휘리릭~

네가 네 방 정리할 거니?

3 현재진행형 / 부정문으로 휘리릭~

난 방 정리하고 있는 거 아니야.

4 화가 나서 따지듯이 부가의문문으로 휘리릭~

넌 네 방 정리를 안 했잖아, 그렇지?

5 미래형 / definitely를 사용하여 강한 의지를 보이며 휘리릭~

난 오늘 밤에 꼭 방 정리할 거야.

5

방 정리 다 끝냈다고. 미국에서만 볼 수 있는 표현이 등장했네요. 다들 집중!이 문장을 우리말로 직역하면 '내 방을 집어 들었다'가 되죠. 도대체 이게 무슨 말이야 하지 말고 이렇게 생각해 봅시다. my room에 있는 흩어지고 정리 안 된 것들을 pick up, 즉 들어서 여기에 놓고 저기에 정리하고. 다들 OK?

- Did you pick up your room?

- Will you pick up your room?

- I am not picking up my room now.

- You didn't pick up your room, did you?

- I will definitely pick up my room tonight.

DAY 02 세수하기

오늘은 〈세수하기〉라는 주제와 관련한 문장변형 연습을 합니다.
욕실에서 씻을 때 많이 쓰는 생생한 표현이 담긴 5개의 주요 문장을
지시문에 따라 변형하며 말해보세요.

5 Sentences Preview

문장변형 연습을 할 주요 문장 5개를 미리 살펴봅니다.

트레이닝 1
I always take long showers.
난 항상 샤워를 오래 해.

트레이닝 2
I shampooed my hair.
난 머리를 감았어.

트레이닝 3
I flossed my teeth.
난 치실로 이를 청소했어.

트레이닝 4
I blow-dried my hair.
난 머리를 드라이했어.

트레이닝 5
I applied make-up.
나 화장했어.

TRAINING ❶ ▶ 문장변형 트레이닝 휘리릭~

I always take long showers.

1 주어를 You / 의문문으로 휘리릭~

_____

넌 항상 샤워를 오래 하니?

2 과거형 / 부정문으로 휘리릭~

_____

난 오늘 아침에 샤워를 오래 하지 않았어.

3 주어를 You / 부정문 / 부가의문문으로 휘리릭~

_____

너 샤워 오래 안 했지, 그렇지?

4 always와 함께 부분부정으로 휘리릭~

_____

난 샤워를 항상 오래하진 않았어.

5 Why don't you를 써서 제안하는 문장으로 휘리릭~

_____

(개운하게) 좀 오래 샤워하지 그래?

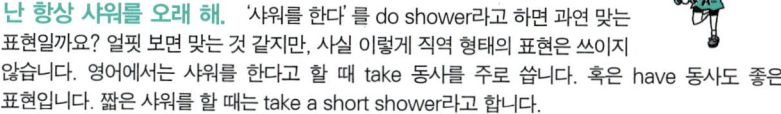

난 항상 샤워를 오래 해. '샤워를 한다'를 do shower라고 하면 과연 맞는 표현일까요? 얼핏 보면 맞는 것 같지만, 사실 이렇게 직역 형태의 표현은 쓰이지 않습니다. 영어에서는 샤워를 한다고 할 때 take 동사를 주로 씁니다. 혹은 have 동사도 좋은 표현입니다. 짧은 샤워를 할 때는 take a short shower라고 합니다.

Do you always take long showers?

I didn't take a long shower this morning.

You didn't take a long shower, did you?

I didn't always take long showers.

Why don't you take long showers?

TRAINING ❷ ▶ 문장변형 트레이닝 휘리릭~

I shampooed my hair.

1   later를 사용해서 미래형으로 휘리릭~

     난 나중에 머리 감을 거야.

2   현재진행형으로 휘리릭~

     나 머리 감고 있는 중이야.

3   주어를 You / 과거형 / 의문문으로 휘리릭~

     넌 어젯밤에 머리 감았니?

4   주어를 You / 과거형 / 상대방을 지적하듯이 휘리릭~

     너 저번 주 토요일에 머리 안 감았잖아.

5   가까운 미래를 나타내는 be going to를 넣어서 휘리릭~

     난 내일 머리를 감을 거야.

난 머리를 감았어. shampoo를 동사로 쓰면 '머리를 감았다'는 뜻이 됩니다. 굳이 wash my hair와 같은 어려운 표현을 찾지 않아도 된다는 것이죠. 그렇다면 rinse라는 표현도 '머리에 린스를 했다'는 표현과 같을까요? No! rinse는 비누나 세제 따위를 깨끗한 물로 씻어내는 것을 의미합니다.

- I will shampoo my hair later.

- I am shampooing my hair.

- Did you shampoo your hair last night?

- You didn't shampoo your hair last Saturday.

- I am going to shampoo my hair tomorrow.

TRAINING ❸ ▶ 문장변형 트레이닝 휘리릭~

I flossed my teeth.

1   과거형 / 부정문으로 휘리릭~

난 치실질을 하지 않았어.

2   주어를 You / 현재진행형으로 휘리릭~

넌 치실질을 하고 있구나.

3   제안하는 의미의 미래형으로 휘리릭~

너 치실로 이 청소 좀 할래?

4   always와 함께 습관을 나타내는 현재형으로 휘리릭~

난 항상 식사 후에 치실로 이를 청소해.

5   주어를 He / never를 써서 강한 부정으로 휘리릭~

그는 절대로 치실을 쓰지 않아.

난 치실로 이를 청소했어. floss라는 단어가 어려워 보이나요? '치실을 사용해서 이를 청소한다' 라는 표현입니다. 그냥 칫솔로 이를 닦는 것을 말하고 싶을 때는 brush my teeth라는 표현을 쓰면 됩니다. 이는 여러 개이므로 tooth라고 하지 않고 teeth로 써야 한다는 것은 잘 알고 있죠?

- I didn't floss my teeth.

- You are flossing your teeth.

- Will you floss your teeth?

- I always floss my teeth after meals.

- He never flosses his teeth.

TRAINING ④ ▶ 문장변형 트레이닝 휘리릭~

I blow-dried my hair.

1   과거형 / 의문문으로 휘리릭~

너 머리 드라이했니?

2   현재진행형으로 휘리릭~

나 지금 머리에 드라이하고 있어, 그러니까 방해하지 말라고!

3   미래형 / 부정문으로 휘리릭~

난 내일 머리 드라이 안 할 거야. 엄청 바쁠 거라고!

4   가까운 미래의 현재진행형 / 부가의문문으로 휘리릭~

너 머리 드라이 안 할 거지, 그렇지?

5   미래형 / 부가의문문으로 휘리릭~

너 내일 머리 드라이할 거지, 그렇지 않아?

난 머리를 드라이했어. 이 표현은 I used my hair drier.처럼 콩글리시로 말하기가 쉽습니다. 헤어 드라이기를 이용해서 머리를 매만지다라고 할 때는 blow-dry라는 아주 심플한 동사를 사용하면 됩니다. 그냥 dry라는 표현도 말린다는 뜻이지만, 여기에는 수건으로 말리는 것도 모두 포함하고 있죠. 헤어 드라이기를 썼다는 티를 팍팍 내주고 싶다면 이 표현을 기억하세요.

▶ Did you blow-dry your hair?

▶ I am blow-drying my hair now. So, don't bother me!

▶ I won't blow-dry my hair tomorrow. I will be very busy!

▶ You aren't blow-drying your hair, are you?

▶ You will blow-dry your hair tomorrow, won't you?

TRAINING 5 ▶ 문장변형 트레이닝 휘리릭~

I applied make-up.

1 과거형 / 부정문으로 휘리릭~

난 오늘 화장하지 않았어.

2 미래형으로 휘리릭~

난 오후에 화장할 거야.

3 의문문으로 휘리릭~

너 집에서 화장한 거니?

4 현재진행형으로 휘리릭~

나 지금 화장하고 있어.

5 의문사 When을 붙여서 의문문으로 휘리릭~

너 언제 화장할 거니?

5

나 화장했어. make-up이 화장이라는 표현을 모르는 사람은 아마 없을 듯합니다. 그럼 화장을 했다고 할 땐? apply나 put on과 같은 동사를 쓸 수 있습니다. 또한 make up은 화장했다는 표현 외에도, 동사 숙어 표현으로 '약속을 하다, 화해하다' 등 뜻이 셀 수 없이 많으니 다른 표현들도 꼭 알아두세요.

- I didn't apply make-up today.

- I will apply make-up this afternoon.

- Did you apply make-up at your place?

- I am applying make-up now.

- When are you going to apply make-up?

57

DAY 03 아침 식사

오늘은 〈아침 식사〉라는 주제와 관련한 문장변형 연습을 합니다.
아침 식사를 하는 상황에서 많이 쓰는 생생한 표현이 담긴 5개의 주요 문장을
지시문에 따라 변형하며 말해보세요.

5 Sentences Preview

문장변형 연습을 할 주요 문장 5개를 미리 살펴봅니다.

트레이닝 1
I drink tea with my breakfast.
난 아침 식사에 차를 함께 마셔.

트레이닝 2
I spread jam on my toast.
난 토스트에 잼을 발랐어.

트레이닝 3
I drank the rest of the milk.
난 남은 우유를 다 마셨어.

트레이닝 4
I ate my cereal quickly.
난 빠르게 시리얼을 먹었어.

트레이닝 5
I chewed my toast slowly.
난 토스트를 천천히 씹었어.

TRAINING ❶ ▶ 문장변형 트레이닝 휘리릭~

I drink tea with my breakfast.

1 과거형으로 휘리릭~

난 아침 식사에 차를 곁들였어.

2 always와 함께 습관을 나타내는 현재형으로 휘리릭~

난 항상 아침 식사에 차를 마셔.

3 의지를 보여주는 미래형으로 휘리릭~

난 아침 식사에 차를 곁들일 거야.

4 현재진행형으로 휘리릭~

난 아침 식사에 차를 곁들이고 있어.

5 미래형 / 부정문 / 의심하는 느낌의 부가의문문으로 휘리릭~

넌 아침 식사에 차를 곁들이지는 않을 거야, 그렇지?

난 아침 식사에 차를 함께 마셔. tea 중에서 녹차는 green tea라고 합니다. 그렇다면 홍차는 red tea일까요? 아니죠, 홍차는 차 잎이 검은색이기 때문에 black tea라고 합니다. 전치사 with를 함께 쓰면 아침과 함께 tea를 곁들였다는 의미가 됩니다. tea 대신에 orange juice나 milk tea 등 다양한 음료를 넣어 말해도 됩니다.

- I drank tea with my breakfast.

- I always drink tea with my breakfast.

- I will drink tea with my breakfast.

- I am drinking tea with my breakfast.

- You won't drink tea with your breakfast, will you?

TRAINING ❷ ▶ 문장변형 트레이닝 휘리릭~

I spread jam on my toast.

1 과거형 / 부정문으로 휘리릭~

나는 토스트에 잼을 바르지 않았어.

2 현재진행형 / 의문문으로 휘리릭~

넌 토스트에 잼을 바르고 있니?

3 현재진행형으로 휘리릭~

나는 토스트에 잼을 바르고 있어. 난 딸기잼이 완전 좋더라!

4 주어를 You / 현재진행형 / 부정문 / 부가의문문으로 휘리릭~

넌 토스트에 잼을 바르고 있지 않아, 그렇지?

5 조동사 can을 넣어서 휘리릭~

어서! 넌 토스트에 잼을 바를 수 있어.

난 토스트에 잼을 발랐어. spread는 무언가를 얇고 넓게 펴서 바르는 것을 의미합니다. jam 대신에 spread butter, spread nutella(빵에 발라 먹는 초콜릿 잼), spread peanut butter 등을 넣어 다양하게 활용할 수 있습니다.

I didn't spread jam on my toast.

Are you spreading jam on your toast?

I am spreading jam on my toast. I love strawberry jam!

You aren't spreading jam on your toast, are you?

Come on! You can spread jam on your toast.

TRAINING ❸ ▶ 문장변형 트레이닝 휘리릭~

I drank the rest of the milk.

1 과거형 / 부정문으로 휘리릭~

난 남은 우유를 다 마시지 않았어.

2 현재진행형으로 휘리릭~

난 남은 우유를 다 마시고 있어.

3 did를 넣어서 강조하는 문장으로 휘리릭~

난 남은 우유를 다 마셨어.

4 주어를 You / 과거형 / 의문문으로 휘리릭~

넌 남은 우유를 다 마셨어?

5 주어를 You / 미래형 / 의문문으로 휘리릭~

넌 남은 우유를 다 마실 거니?

난 남은 우유를 다 마셨어. rest는 '쉬다' 라는 뜻이 있지만, 그 이외에도 '나머지 것들' 이라는 뜻이 있습니다. rest of pizza는 '피자 먹고 남은 것들', rest of the people은 '나머지 사람들'의 뜻이 됩니다. 음식을 나중에 먹기 위해 보관해 두고 '남겨 두다' 라고 할 때는 save를 써서 save the food라고 표현합니다.

- I didn't drink the rest of the milk.

- I am drinking the rest of the milk.

- I did drink the rest of the milk.

- Did you drink the rest of the milk?

- Will you drink the rest of the milk?

TRAINING ❹ ▶ 문장변형 트레이닝 휘리릭~

I ate my cereal quickly.

1 과거형 / 부정문 / 부가의문문으로 휘리릭~

난 시리얼을 빨리 먹지 않았어. 그렇지?

2 never를 넣어서 강한 부정문으로 휘리릭~

나는 절대 시리얼을 빨리 먹지 않을 거야.

3 조동사 have to와 함께 의무를 나타내는 문장으로 휘리릭~

나는 시리얼을 빨리 먹어야만 해.

4 주어를 You / 의문문으로 휘리릭~

넌 시리얼을 빨리 먹었니?

5 주어를 You / 현재진행형으로 휘리릭~

너는 시리얼을 빨리 먹고 있어.

3-4

난 빠르게 시리얼을 먹었어. 우리는 보통 시리얼을 '말아 먹었다'고 하는데, 영어로는 그냥 eat을 쓰면 됩니다. quickly는 '빠르게'라는 뜻으로, 아침에 시간이 없어서 급하게 시리얼을 먹었다고 하고 싶다면 in a hurry라는 표현도 굿입니다. 우리가 흔히 말하는 Cornfrost는 미국 켈로그 회사에서 만든 시리얼의 종류이므로 가능하면 cereal이라는 말을 쓰도록 합시다.

▸ I didn't eat my cereal quickly, did I?

▸ I never eat my cereal quickly.

▸ I have to eat my cereal quickly.

▸ Did you eat your cereal quickly?

▸ You are eating your cereal quickly.

TRAINING 5 ▶ 문장변형 트레이닝 휘리릭~

I chewed my toast slowly.

---

1 주어를 We로 바꿔서 휘리릭~

우리는 토스트를 천천히 씹었어.

2 현재진행형으로 휘리릭~

나는 토스트를 천천히 씹고 있어.

3 가까운 미래를 나타내는 be going to를 넣어서 휘리릭~

나는 토스트를 천천히 씹을 거야.

4 주어를 You / 현재진행형 / 의문문으로 휘리릭~

넌 토스트를 천천히 먹고 있니?

5 always와 함께 습관을 나타내는 현재형으로 휘리릭~

넌 항상 토스트를 천천히 씹더라.

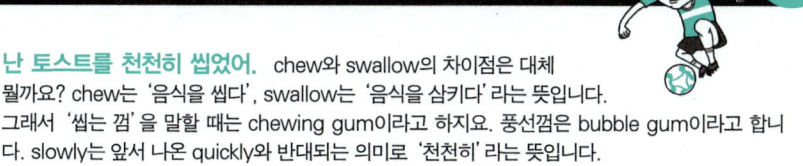

난 토스트를 천천히 씹었어. chew와 swallow의 차이점은 대체 뭘까요? chew는 '음식을 씹다', swallow는 '음식을 삼키다' 라는 뜻입니다. 그래서 '씹는 껌' 을 말할 때는 chewing gum이라고 하지요. 풍선껌은 bubble gum이라고 합니다. slowly는 앞서 나온 quickly와 반대되는 의미로 '천천히' 라는 뜻입니다.

- **We chewed our** toast slowly.

- **I am chewing** my toast slowly.

- **I am going to** chew my toast slowly.

- **Are you chewing** your toast slowly?

- **You always** chew your toast slowly.

DAY 04 외출 준비

오늘은 〈외출 준비〉라는 주제와 관련한 문장변형 연습을 합니다.
바깥으로 나갈 준비를 할 때 많이 쓰는 생생한 표현이 담긴 5개의 주요 문장을
지시문에 따라 변형하며 말해보세요.

5 Sentences Preview

문장변형 연습을 할 주요 문장 5개를 미리 살펴봅니다.

트레이닝 1

I am running late.
난 지금 늦었어.

트레이닝 2

I packed up my backpack.
난 가방을 쌌어.

트레이닝 3

I got dressed for work.
난 출근하려고 옷을 차려 입었어.

트레이닝 4

I had to ask my mom for some extra money.
난 엄마한테 돈을 더 달라고 해야만 했어.

트레이닝 5

I locked the door behind me.
난 문을 잠그고 나갔어.

TRAINING ❶ ▶ 문장변형 트레이닝 휘리릭~

I am running late.

1 미래형으로 휘리릭~

_____

난 아마 늦을 거야.

2 부정문으로 휘리릭~

_____

난 지금 늦지 않았어.

3 주어를 You / 의문문으로 휘리릭~

_____

넌 항상 늦니?

4 주어를 You / 과거형으로 휘리릭~

_____

넌 늦게 왔잖아.

5 주어를 You / 부정문 / 부가의문문을 붙여서 휘리릭~

_____

너 늦지 않을 거지, 그렇지?

난 지금 늦었어. 여기에서 running을 '뛰고 있다' 라고 해석하면 '나는 늦게 뛰고 있어' 와 같은 말도 안 되는 문장이 됩니다. 여기서 run은 달린다가 아닌 '간다' 는 의미이므로 간단하게 '난 지금 늦었어!' 라고 생각하면 됩니다. 복잡하게 생각할 것 없이 그냥 문장 전체를 외워두고 세련되게 쓰세요.

▶ I will be running late.

▶ I am not running late.

▶ Are you always running late?

▶ You were running late.

▶ You aren't running late, are you?

TRAINING ❷ ▶ 문장변형 트레이닝 휘리릭~

I packed up my backpack.

1 미래형으로 휘리릭~

오늘 이따가 난 가방을 쌀 거야.

2 부정문으로 휘리릭~

나는 오늘 가방을 쌀 필요가 없어.

3 조동사 have to를 사용해서 휘리릭~

난 가방을 싸야 해.

4 주어를 You / 의문문으로 휘리릭~

너 가방을 쌀 거니?

5 주어를 You / 의문문 / 현재진행형으로 휘리릭~

너 지금 가방 싸고 있니?

2

🔊 4-2

난 가방을 쌌어. '등'을 뜻하는 back과 '짐을 싸다'라는 뜻의 pack이 만나 backpack이 되었으니 등에 메는 가방 또는 배낭이 됩니다. 일반적인 가방을 말할 땐 bag이라는 단어를 쓰는데, 여성들의 외출 필수 아이템인 handbag부터 어깨에 메는 shoulder bag, 대각선으로 메는 cross-bag 등 종류도 다양하죠. bag은 봉투를 뜻하기도 하는데, plastic bag은 비닐봉지, brown bag은 누런 종이봉투를 말합니다.

I will pack up my backpack later today.

I don't need to pack up my backpack today.

I have to pack up my backpack.

Will you pack up your backpack?

Are you packing up your backpack now?

TRAINING ③ ▶ 문장변형 트레이닝 휘리릭~

I got dressed for work.

1 현재진행형으로 휘리릭~

난 지금 일 나가려고 옷을 차려 입고 있어.

2 명령문으로 휘리릭~

옷 입어. 우린 나갈 거야!

3 주어를 You / 과거형 / 의문문으로 휘리릭~

너 일 나갈 옷으로 차려 입었니?

4 after breakfast를 넣어서 미래형으로 휘리릭~

난 아침 식사 후에 일 나갈 옷을 차려 입을 거야.

5 주어를 You / have to를 넣어서 / 부정문으로 휘리릭~

넌 일 나갈 옷을 따로 차려 입을 필요 없어.

난 출근하려고 옷을 차려 입었어. get dressed는 옷을 차려 입었다는 뜻입니다. 아침에 세수하고 난 다음에 for school '학교 가려고' 혹은 for work '직장 가려고' 옷을 차려 입죠. 데이트나 파티가 있어서 신경 써서 잘 차려 입은 날은 I got dressed up. '나 쫙 빼 입었어' 라고 합니다.

▶ I am getting dressed for work now.

▶ Get dressed. We're going out!

▶ Did you get dressed for work?

▶ I will get dressed for work after breakfast.

▶ You don't have to get dressed for work.

TRAINING ❹ ▶ 문장변형 트레이닝 휘리릭~

I had to ask my mom for some extra money.

1   과거형 / 부정문으로 휘리릭~

난 엄마한테 돈을 더 달라고 할 필요가 없었어.

2   I want to buy something. / 접속사로 두 문장을 하나로 휘리릭~

난 사고 싶은 게 있기 때문에 엄마한테 돈을 더 달라고 해야만 해.

3   주어를 You / 과거형 / 의문문으로 휘리릭~

넌 엄마한테 돈 더 달라고 해야만 했었니?

4   주어를 You / 미래형 / 부가의문문으로 휘리릭~

넌 엄마한테 돈을 더 달라고 해야 할 거야, 그렇지?

5   do를 넣어서 강조하는 문장으로 휘리릭~

넌 엄마한테 돈을 더 달라고 꼭 해야만 했어.

난 엄마한테 돈을 더 달라고 해야만 했어. 상대방에게 무언가를 요구해야 할 때는 〈ask + 목적어 + for + 요구하는 것〉 순으로 문장을 만들어 쓰면 됩니다. extra는 '여분의' 라는 의미이며, 이런 경우 money는 용돈이라는 뜻을 가진 allowance나 pocket money라는 표현으로 바꿔 써도 됩니다.

▶ I didn't have to ask my mom for some extra money.

▶ I have to ask my mom for some extra money because I want to buy something.

▶ Did you have to ask your mom for some extra money?

▶ You will have to ask your mom for some extra money, won't you?

▶ You did have to ask your mom for some extra money.

TRAINING 5 ▶ 문장변형 트레이닝 휘리릭~

I locked the door behind me.

1 현재진행형으로 휘리릭~

나는 문을 잠그고 나가고 있어.

2 주어를 You / 현재진행형 / 의문문으로 휘리릭~

너는 문을 잠그고 나가고 있니?

3 after dinner / 미래형으로 휘리릭~

난 저녁 식사 후에 문을 잠그고 나갈 거야.

4 부가의문문으로 휘리릭~

나는 문을 잠그고 나갔어, 그렇지 않아?

5 주어를 You / 과거형 / 의문문으로 휘리릭~

넌 문을 잠그고 나갔니?

난 문을 잠그고 나갔어. lock the door는 '문을 잠그다'는 표현이고, 반대로 '문을 열다'는 open the door나 unlock the door라고 표현하면 됩니다. 그럼 behind me는 어떤 뜻일까요? behind는 원래 '~의 뒤에'라는 뜻이므로 lock the door behind me는 문을 잠그고 나갔다는 의미가 됩니다.

▶ I am locking the door behind me.

▶ Are you locking the door behind you?

▶ I will lock the door behind me after dinner.

▶ I locked the door behind me, didn't I?

▶ Did you lock the door behind you?

DAY 05 이동하기

오늘은 〈이동하기〉라는 주제와 관련한 문장변형 연습을 합니다. 교통수단을 이용하여 이동할 때 많이 쓰는 생생한 표현이 담긴 5개의 주요 문장을 지시문에 따라 변형하며 말해보세요.

5 Sentences Preview

문장변형 연습을 할 주요 문장 5개를 미리 살펴봅니다.

트레이닝 1

I ran to the bus stop.
난 버스정류장으로 달려갔어.

트레이닝 2

I waited for ten minutes at the bus stop.
난 버스정류장에서 10분을 기다렸어.

트레이닝 3

I listen to my iPod on the bus.
난 버스에서 iPod을 들었어.

트레이닝 4

I got stuck in traffic.
난 차가 막혀 꼼짝달싹 못 했어.

트레이닝 5

I drove to school today.
난 오늘 차를 몰고 학교에 갔어.

TRAINING ❶ ▶ 문장변형 트레이닝 휘리릭~

I ran to the bus stop.

1 미래형으로 휘리릭~

난 버스정류장으로 달려갈 거야.

2 과거형 / 부정문으로 휘리릭~

난 버스정류장으로 달려가지 않았어.

3 현재진행형으로 휘리릭~

난 버스정류장으로 달려가고 있어.

4 주어는 You / 현재진행형 / 의문문으로 휘리릭~

너 버스 타러 달려가는 거니?

5 조동사 have to를 사용해서 / 부정문으로 휘리릭~

난 버스정류장으로 달려갈 필요가 없었어.

난 버스정류장으로 달려갔어. 기차 타는 곳이나 지하철 타는 곳은 모두 station이라고 합니다. 하지만 버스 타는 곳은 stop이라고 하지요. bus station (bus terminal)은 시외버스를 타는 곳을 의미합니다. bus stop을 발음할 때는 s가 겹치므로 하나는 생략하고 발음합니다. '버스탑'.

- I will run to the bus stop.

- I didn't run to the bus stop.

- I am running to the bus stop.

- Are you running to the bus stop?

- I didn't have to run to the bus stop.

TRAINING ❷ ▶ 문장변형 트레이닝 휘리릭~

I waited for ten minutes at the bus stop.

1 주어를 You / 과거형 / 부정문으로 휘리릭~

넌 버스정류장에서 10분 동안 기다리지 않았어.

2 주어를 You / 과거형 / 의문문으로 휘리릭~

너 버스정류장에서 10분 기다렸니?

3 almost를 붙여서 휘리릭~

난 버스정류장에서 거의 10분을 기다렸어.

4 현재완료형으로 휘리릭~

난 버스정류장에 10분 동안 기다리고 있었어.

5 추가의 의미로 another를 넣어서 휘리릭~

난 버스정류장에서 10분을 더 기다렸어.

5-2

난 버스정류장에서 10분을 기다렸어. wait for는 '~을 기다리다'
라는 뜻으로 뒤에 기다리는 대상이 올 수도 있고, 시간을 붙여서 '…동안 기다리다'
라는 뜻으로 쓸 수도 있습니다. '나는 지금 버스를 10분 째 기다리고 있는 중이다' 라고 할 때는
I have been waiting for ten minutes.이라고 하면 됩니다. at은 장소 앞에 붙는 전치사로 '~에
서' 라는 뜻입니다.

▶ You didn't wait for ten minutes at the bus stop.

▶ Did you wait for ten minutes at the bus stop?

▶ I almost waited for ten minutes at the bus stop.

▶ I have waited for ten minutes at the bus stop.

▶ I waited for another ten minutes at the bus stop.

TRAINING ❸ ▶ 문장변형 트레이닝 휘리릭~

I listen to my iPod on the bus.

1 현재진행형으로 휘리릭~

나는 버스에서 iPod을 듣고 있어.

2 주어를 You / 과거형 / 의문문으로 휘리릭~

넌 버스에서 iPod을 들었니?

3 주어를 You / 현재진행형 / 의문문으로 휘리릭~

넌 버스에서 iPod을 듣고 있니?

4 never를 넣어서 강하게 부정하는 문장으로 휘리릭~

난 버스에서는 절대 iPod을 듣지 않아.

5 정말 좋아한다는 love를 넣어서 휘리릭~

난 버스에서 iPod을 듣는 걸 정말 좋아해.

🔊 5-3

난 버스에서 iPod을 들었어. 음악을 듣는다고 할 때는 hear 동사를 절대 쓰지 않습니다. hear는 내가 듣고 싶지 않아도 들리는 소리나 혹은 다른 사람으로부터 어떤 이야기를 들을 때 쓸 수 있는 표현입니다. 음악을 감상할 때는 listen에 꼭 to 까지 붙여서 listen to라는 것 잊지 마세요. I listen to the radio.

I am listening to my iPod on the bus.

Did you listen to your iPod on the bus?

Are you listening to your iPod on the bus?

I never listen to my iPod on the bus.

I love to listen to my iPod on the bus.

TRAINING 4 ▶ 문장변형 트레이닝 휘리릭~

I got stuck in traffic.

1 주어를 You / yesterday를 붙여서 휘리릭~

_____

넌 어제 차가 막혀서 꼼짝달싹 못 했어.

2 주어를 You / 과거형 / 의문문으로 휘리릭~

_____

넌 차가 막혀서 꼼짝달싹 못 했니?

3 주어를 We / get을 be동사로 바꿔서 휘리릭~

_____

우리는 차가 막혀서 꼼짝달싹 못 해.

4 주어를 You / 과거형으로 휘리릭~

_____

넌 차가 막혀서 꼼짝달싹 못 했어.

5 미래형으로 휘리릭~

_____

난 차가 막혀서 꼼짝달싹 못 할 거야.

난 차가 막혀 꼼짝달싹 못 했어. stuck은 '~에 낀'이라는 뜻으로 쓰입니다. 다양한 역할로 쓰임이 많은 get 동사가 붙은 got stuck은 '~에 끼었다'는 뜻이고 전치사 in 뒤에 나오는 대상에 끼었다는 뜻이 됩니다. 즉, 교통에 끼어서 꼼짝도 못 하겠네. 차가 막힌다는 뜻이겠지요. 참고로 교통사고는 traffic accident, 교통 위반 딱지는 traffic ticket이라고 합니다.

- You got stuck in traffic yesterday.

- Did you get stuck in traffic?

- We are stuck in traffic.

- You were stuck in traffic.

- I will get stuck in traffic.

TRAINING 5 ▶ 문장변형 트레이닝 휘리릭~

I drove to school today.

1 현재진행형으로 휘리릭~

난 차를 몰고 학교에 가고 있어.

2 주어를 You / 현재진행형 / 의문문으로 휘리릭~

너 오늘 학교에 차 몰고 가니?

3 과거형 / 부정문으로 휘리릭~

난 어제 학교에 차 몰고 가지 않았어.

4 always를 넣어 습관을 나타내는 현재형 / 장소를 회사로 바꿔 휘리릭~

난 항상 일하러 차를 몰고 가.

5 want를 넣은 부정문으로 휘리릭~

난 오늘 학교에 차를 몰고 가고 싶지 않아.

5-5

난 오늘 차를 몰고 학교에 갔어. '운전을 해서 학교 간다' 는 표현을 I went to school by car.라고 하지 마세요. 틀린 말은 아니지만 영어권에서는 간단히 drive 동사를 씁니다. 전치사 to가 붙어서 '~로 운전해서 가다' 라는 뜻이 되니 to 뒤에 목적지에 해당하는 장소를 넣으면 됩니다. 차를 타고 출근을 한다면 I drive to work.라고 하면 됩니다.

I am driving to school.

Are you driving to school today?

I didn't drive to school yesterday.

I always drive to work.

I don't want to drive to school today.

사교 생활

DAY 06 커피와 수다 | DAY 07 공연 관람
DAY 08 쇼핑 | DAY 09 음식점에서
DAY 10 클럽에서

2nd WEEK

DAY 06 커피와 수다

오늘은 〈커피와 수다〉라는 주제와 관련한 문장변형 연습을 합니다.
커피를 마시며 수다를 떨 때 많이 쓰는 생생한 표현이 담긴 5개의 주요 문장을
지시문에 따라 변형하며 말해보세요.

5 Sentences Preview

문장변형 연습을 할 주요 문장 5개를 미리 살펴봅니다.

Can you get me an espresso?
나에게 에스프레소 한 잔 줄래?

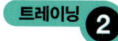

We chatted for about an hour.
우린 한 시간 동안 수다를 떨었어.

We ran into Anna.
우린 애나를 우연히 만났어.

I always get a cappuccino.
난 항상 카푸치노를 마셔.

They have great chocolate chip cookies.
거기는 초콜릿 칩 쿠키가 끝내줘.

TRAINING ❶ ▶ 문장변형 트레이닝 휘리릭~

Can you get me an espresso?

1 평서문 / 부가의문문으로 휘리릭~

너는 나에게 에스프레소 한 잔을 줄 수 있어, 그렇지 않아?

2 미래형 / 부정문으로 휘리릭~

너는 나에게 에스프레소 한 잔을 줄 수 없을 거야.

3 주어를 I로 바꿔서 휘리릭~

내가 너에게 에스프레소를 한 잔 줘도 될까?

4 주어를 I / 부정문으로 휘리릭~

나는 너에게 에스프레소 한 잔을 줄 수가 없어.

5 주어를 I / 과거형 / 부정문으로 휘리릭~

나는 너에게 에스프레소 한 잔을 줄 수가 없었어.

나에게 에스프레소 한 잔 줄래?
Can you~ 는 부탁을 할 때 자주 쓰는 표현입니다. espresso는 아메리카노나 카페라떼에 들어가는 커피의 원액에 해당하는 씁쓸한 커피를 말하는데, 에스프레소 한 잔은 single espresso, 한 컵에 두 잔 분량을 넣는 espresso는 double espresso라고 합니다.

- You can get me an espresso, can't you?

- You will not be able to get me an espresso.

- Can I get you an espresso?

- I can't get you an espresso.

- I couldn't get you an espresso.

TRAINING ❷ ▶ 문장변형 트레이닝 휘리릭~

We chatted for about an hour.

1 과거형 / 의문문으로 휘리릭~

우리가 한 시간 동안 수다를 떨었니?

2 과거형 / 부정문으로 휘리릭~

우리는 한 시간 동안이나 수다를 떨지 않았어.

3 미래형으로 휘리릭~

우리는 한 시간 동안 수다를 떨 거야.

4 for a while / 현재진행형으로 휘리릭~

우리는 한동안 수다를 떨고 있어.

5 be going to를 넣어서 / 의문문으로 휘리릭~

너는 한동안 수다를 떨 거니?

우린 한 시간 동안 수다를 떨었어. chat은 우리가 '채팅한다' 라고 할 때의 바로 그 chat입니다. 인터넷에서 이야기하는 것뿐만 아니라 수다 떠는 것 자체를 의미하죠. small talk도 비슷한 의미에서 별로 중요하지 않은 잡다한 이야기들을 뜻합니다. We had a small talk.라고 표현할 수 있습니다.

- Did we chat for about an hour?

- We didn't chat for an hour.

- We will chat for about an hour.

- We are chatting for a while.

- Are you going to chat for a while?

TRAINING ❸ ▶ 문장변형 트레이닝 휘리릭~

We ran into Anna.

1 주어를 You / 과거형 / 의문문으로 휘리릭~

넌 애나를 우연히 만났니?

2 주어를 You / 부가의문문으로 휘리릭~

너는 애나를 우연히 만났어, 그렇지 않아?

3 주어를 I / 과거형 / 부정문으로 휘리릭~

난 애나를 우연히 만나지 않았어.

4 be going to를 넣어서 / 의문문으로 휘리릭~

우리가 애나를 우연히 만날까?

5 주어를 I / hope를 넣어서 미래의 희망을 표현하는 문장으로 휘리릭~

나는 애나를 우연히 만난다면 좋겠어.

우린 애나를 우연히 만났어. run into를 '…에게 달려가다' 라고 해석하면 굉장히 황당한 문장이 됩니다. run into는 달리는 것과 전혀 상관없이 '우연히 만나다' 는 의미가 있거든요. bump into와도 같은 뜻이죠.

- Did you run into Anna?

- You ran into Anna, didn't you?

- I didn't run into Anna.

- Are we going to run into Anna?

- I hope I will run into Anna.

103

TRAINING ④ ▶ 문장변형 트레이닝 휘리릭~

I always get a cappuccino.

---

1 주어를 You / 상대방에게 묻는 문장으로 휘리릭~

넌 항상 카푸치노를 마셔?

2 주어를 You / 부가의문문으로 휘리릭~

넌 항상 카푸치노를 마시지, 그렇지 않니?

3 미래형으로 휘리릭~

난 항상 카푸치노를 마실 거야.

4 과거형 / 부정문으로 휘리릭~

난 항상 카푸치노를 마시지는 않았어.

5 주어를 She / 의문문으로 휘리릭~

그녀는 언제나 카푸치노를 마시니?

난 항상 카푸치노를 마셔.

cappuccino는 우유가 들어간 부드러운 커피의 한 종류입니다. 발음은 '케푸치노~'라고 해주세요. 습관에 대해서 이야기 할 때 '항상'의 의미를 가진 always를 써서 말할 수 있습니다. 물론 often '자주', sometimes '종종' 과 같이 다른 빈도부사를 이용해서 말할 수도 있지요.

- Do you always get a cappuccino?

- You always get a cappuccino, don't you?

- I will always get a cappuccino.

- I didn't always get a cappuccino.

- Does she always get a cappuccino?

TRAINING 5 ▶ 문장변형 트레이닝 휘리릭~

They have great chocolate chip cookies.

---

1 미래형으로 휘리릭~

_____

거기 초콜릿 칩 쿠키가 끝내 줄 거야.

2 의문문으로 휘리릭~

_____

거기 초콜릿 칩 쿠키가 끝내주지?

3 Don't를 넣어서 동의를 구하는 의문문으로 휘리릭~

_____

거기 초콜릿 칩 쿠키가 끝내주지 않니?

4 과거형 / 부가의문문으로 휘리릭~

_____

거기 초콜릿 칩 쿠키가 끝내줬어, 그렇지 않니?

5 조동사 used to를 사용해서 휘리릭~

_____

거기 초콜릿 칩 쿠키가 끝내주곤 했지.

거기는 초콜릿 칩 쿠키가 끝내줘. 초콜릿이 쏙쏙 박혀 있는 달콤한 chocolate chip cookie 알죠? 그 외 cheese cake, chocolate cake 등 맛난 간식거리들이 많이 있지만 칼로리를 무시하고 먹으면 낭패를 볼 수도 있어요. 운동으로 칼로리 소모하는 것을 burning calories라고 합니다. I am burning a lot of calories. (난 칼로리 소모를 엄청나게 하고 있지.)

- They will have great chocolate chip cookies.

- Do they have great chocolate chip cookies?

- Don't they have great chocolate chip cookies?

- They had great chocolate chip cookies, didn't they?

- They used to have great chocolate chip cookies.

DAY 07 공연 관람

오늘은 〈공연 관람〉이라는 주제와 관련한 문장변형 연습을 합니다.
공연을 관람하는 상황에서 많이 쓰는 생생한 표현이 담긴 5개의 주요 문장을
지시문에 따라 변형하며 말해보세요.

5 Sentences Preview

문장변형 연습을 할 주요 문장 5개를 미리 살펴봅니다.

트레이닝 1

The show starts at 7p.m.
공연은 저녁 7시에 시작이야.

트레이닝 2

I bought my movie ticket online.
난 온라인으로 영화 티켓을 샀어.

트레이닝 3

I picked up my ticket at the counter.
난 카운터에서 티켓을 찾았어.

트레이닝 4

I really enjoyed the movie.
난 정말 그 영화를 재밌게 봤어.

트레이닝 5

It was a very sad movie.
그건 정말 슬픈 영화였어.

TRAINING ❶ ▶ 문장변형 트레이닝 휘리릭~

The show starts at 7p.m.

1 의문문으로 휘리릭~

공연은 저녁 7시에 시작이니?

2 미래형 / 부정문으로 휘리릭~

공연은 저녁 7시에 시작하지 않을 거야.

3 과거형으로 휘리릭~

공연은 저녁 7시에 벌써 시작했어.

4 과거진행형 / 부가의문문을 붙여서 휘리릭~

공연은 저녁 7시에 시작하는 중이었어, 그렇지 않니?

5 가까운 미래를 나타내는 be going to를 넣어서 / 의문문으로 휘리릭~

공연은 저녁 7시에 시작할 예정이니?

공연은 저녁 7시에 시작이야. show는 공연이라는 뜻으로, 상황에 맞게 the musical(뮤지컬), the opera(오페라), the concert(콘서트), the play(연극) 등으로 바꿔 쓸 수 있어요. at은 시간 앞에서 '~시에'라는 뜻이죠. 영어표현 중에 Show time이라는 말이 있는데 It's a show time.의 줄인 말로 쇼뿐 아니라 어떤 이벤트를 시작할 때 외치는 멘트라고 보면 됩니다.

▶ Does the show start at 7p.m.?

▶ The show won't start at 7p.m.

▶ The show already started at 7p.m.

▶ The show was starting at 7p.m., wasn't it?

▶ Is the show going to start at 7p.m.?

TRAINING ❷ ▶ 문장변형 트레이닝 휘리릭~

I bought my movie ticket online.

1 미래형으로 휘리릭~

나는 온라인으로 영화 티켓을 살 거야.

2 주어를 You / 과거형 / 의문문으로 휘리릭~

넌 온라인으로 영화 티켓을 샀니?

3 주어를 You / 부가의문문으로 휘리릭~

넌 온라인으로 영화 티켓을 샀어, 그렇지 않니?

4 현재진행형 / 부정문으로 휘리릭~

나는 온라인으로 영화 티켓을 사지 않을 거야.

5 never를 넣어서 강하게 부정하는 문장으로 휘리릭~

나는 절대로 온라인으로 영화 티켓을 사지 않아.

난 온라인으로 영화 티켓을 샀어. online은 인터넷이나 웹에 연결되어 있는 상태를 말합니다. 컴퓨터 이외에 스마트폰을 이용한 예매도 모두 online 예매라고 할 수 있습니다. 반대로 offline은 실제로 티켓부스에 가서 티켓을 사는 것을 말합니다.

I will buy my movie ticket online.

Did you buy your movie ticket online?

You bought your movie ticket online, didn't you?

I am not buying my movie ticket online.

I never buy my movie ticket online.

TRAINING ❸ ▶ 문장변형 트레이닝 휘리릭~

I picked up my ticket at the counter.

1 미래형으로 휘리릭~

난 카운터에서 내 티켓을 찾을 거야.

2 주어를 You / 과거형 / 의문문으로 휘리릭~

넌 카운터에서 네 티켓을 찾았니?

3 주어를 You / 부가의문문으로 휘리릭~

넌 카운터에서 네 티켓을 찾았어, 그렇지 않니?

4 주어를 You / 과거형 / 부정문으로 휘리릭~

넌 카운터에서 네 티켓을 찾지 않았어.

5 의문사 Where를 붙여서 의문문으로 휘리릭~

넌 어디에서 네 티켓을 찾니?

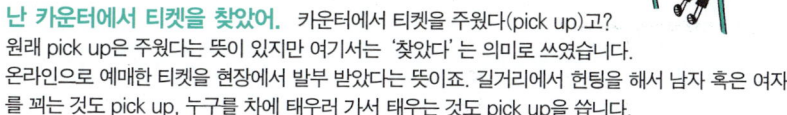

난 카운터에서 티켓을 찾았어. 카운터에서 티켓을 주웠다(pick up)고? 원래 pick up은 주웠다는 뜻이 있지만 여기서는 '찾았다'는 의미로 쓰였습니다. 온라인으로 예매한 티켓을 현장에서 발부 받았다는 뜻이죠. 길거리에서 헌팅을 해서 남자 혹은 여자를 꾀는 것도 pick up, 누구를 차에 태우러 가서 태우는 것도 pick up을 씁니다.

▸ I will pick up my ticket at the counter.

▸ Did you pick up your ticket at the counter?

▸ You picked up your ticket at the counter, didn't you?

▸ You didn't pick up your ticket at the counter.

▸ Where do you pick up your ticket?

TRAINING ④ ▶ 문장변형 트레이닝 휘리릭~

I really enjoyed the movie.

1 현재진행형으로 휘리릭~

난 정말 영화 재미있게 보고 있어.

2 미래형으로 휘리릭~

난 정말 영화 재미있게 볼 거야.

3 주어를 You / 현재진행형 / 의문문으로 휘리릭~

너 정말 영화 재미있게 보고 있니?

4 주어를 You / 과거형 / 의문문으로 휘리릭~

너 정말 영화 재미있게 봤니?

5 주어를 You / 미래형 / 부가의문문으로 휘리릭~

너는 영화 정말 재미있게 볼 거야, 그렇지 않아?

4

🔊 7-4

난 정말 그 영화를 재밌게 봤어. enjoy는 '즐기다'라는 뜻입니다. 재미가 없다면 즐길 수가 없겠지요? 재미있게 봤다는 표현은 I really enjoyed. 라고 합니다. 여러 단어들을 뒤에 붙여서 응용할 수 있습니다. Enjoy your movie., Enjoy your meal., Enjoy your lunch.처럼요.

▶ I am really enjoying the movie.

▶ I will really enjoy the movie.

▶ Are you really enjoying the movie?

▶ Did you really enjoy the movie?

▶ You will really enjoy the movie, won't you?

TRAINING 5 ▶ 문장변형 트레이닝 휘리릭~

It was a very sad movie.

1 현재형으로 휘리릭~

_____

그건 정말 슬픈 영화야.

2 부정문으로 휘리릭~

_____

그건 그렇게 슬픈 영화는 아니었어.

3 의문문으로 휘리릭~

_____

그건 정말 슬픈 영화였니?

4 미래형으로 휘리릭~

_____

그건 정말 슬픈 영화일 거야.

5 미래형 / 부가의문문으로 휘리릭~

_____

그건 정말 슬픈 영화일 거야, 그렇지 않니?

그건 정말 슬픈 영화였어.

sad movie는 사나이 자존심이고, 새까맣게 번질 마스카라고 간에 신경쓰지 못할 말큼 눈물이 주룩주룩 흘러내리는 슬픈 영화를 말합니다. 슬픈 영화를 보고 나서 극장을 나올 때는 이렇게 한 줄 영화평을 해주세요.

- It is a very sad movie.

- It was not a very sad movie.

- Was it a very sad movie?

- It will be a very sad movie.

- It will be a very sad movie, won't it?

DAY 08 쇼핑

오늘은 〈쇼핑〉이라는 주제와 관련한 문장변형 연습을 합니다. 쇼핑을 할 때 많이 쓰는 생생한 표현이 담긴 5개의 주요 문장을 지시문에 따라 변형하며 말해보세요.

5 Sentences Preview

문장변형 연습을 할 주요 문장 5개를 미리 살펴봅니다.

I decided to buy the jeans.
나는 진을 사기로 마음먹었어.

I am looking for a new spring jacket.
나는 신상 봄 재킷을 찾고 있어.

There are great sales at the outlet mall.
아울렛 몰에서 대박 세일을 한데.

My friend forgot her wallet.
내 친구가 지갑을 깜빡 했어.

I like the striped shirt.
나는 줄무늬 셔츠가 좋아.

TRAINING ❶ ▶ 문장변형 트레이닝 휘리릭~

I decided to buy the jeans.

1 주어를 You / 과거형 / 의문문으로 휘리릭~

_____

넌 진을 사기로 마음먹었니?

2 미래형으로 휘리릭~

_____

나는 곧 진을 사기로 마음먹을 거야.

3 주어를 You / 현재진행형 / 의문문으로 휘리릭~

_____

넌 진을 사기로 결정하고 있니?

4 주어를 You / 현재완료형 / 의문문으로 휘리릭~

_____

넌 진을 사기로 결정했었니?

5 already를 넣어서 휘리릭~

_____

난 이미 진을 사기로 마음먹었어.

나는 진을 사기로 마음먹었어. 〈decide to + 동사〉는 '…하기로 마음 먹었다' 라는 뜻입니다. jean은 청바지와 같은 진 종류를 의미하는데 바지의 다리가 두 개이므로 항상 복수형인 jeans라고 해야 하는 것에 유의하세요!

- Did you decide to buy the jeans?

- I will decide to buy the jeans soon.

- Are you deciding to buy the jeans?

- Have you decided to buy the jeans?

- I already decided to buy the jeans.

TRAINING ❷ ▶ 문장변형 트레이닝 휘리릭~

I am looking for a new spring jacket.

1 과거형으로 휘리릭~

_____

난 신상 봄 재킷을 찾고 있었어.

2 미래형으로 휘리릭~

_____

나는 신상 봄 재킷을 찾아볼 거야.

3 주어를 You / 미래형 / 의문문으로 휘리릭~

_____

넌 신상 봄 재킷을 찾을 거니?

4 주어를 You / 현재진행형 / 의문문으로 휘리릭~

_____

너는 지금 신상 봄 재킷을 찾고 있니?

5 주어를 You / 부정문 / 부가의문문으로 휘리릭~

_____

너는 신상 봄 재킷을 찾는 게 아니구나, 그렇지?

나는 신상 봄 재킷을 찾고 있어. 사람·물건을 찾고 싶을 때 look for 를 사용할 수 있습니다. '…을 찾다' 라는 뜻이므로 사고자 하는 물건을 뒤에 붙여 점원에게 말을 하며 물건을 보여 달라고 청해 보세요. 살랑살랑 부는 봄바람을 떠올려보며 new spring jacket을 입은 아름다운 봄 처녀의 화사한 모습이 머릿속에 그려지지 않나요?

I looked for a new spring jacket.

I will look for a new spring jacket.

Will you look for a new spring jacket?

Are you looking for a new spring jacket now?

You aren't looking for a new spring jacket, are you?

TRAINING ❸ ▶ 문장변형 트레이닝 휘리릭~

There are great sales at the outlet mall.

1 last week를 넣어서 과거형으로 휘리릭~

저번 주에 아울렛 몰에서 대박 세일이 있었대.

2 의문문으로 휘리릭~

아울렛 몰에서는 대박 세일을 할까?

3 미래형으로 휘리릭~

곧 아울렛 몰에서 대박 세일을 할 거야.

4 미래형 / 부정문으로 휘리릭~

아울렛 몰에서 대박 세일을 하지 않을 거야.

5 가까운 미래를 나타내는 be going to를 넣어서 휘리릭~

아울렛 몰에서 대박 세일을 할 예정이야.

아울렛 몰에서 대박 세일을 한데. outlet은 물건을 좀 더 싸게 파는 곳으로 주로 outlet mall이라고 표현합니다. 우리는 주로 백화점을 department store라고 하지만 미국에서는 shopping mall이라는 표현을 많이 씁니다. 값을 깎아 물건을 사고 싶을 때는 discount 또는 come down a little 같은 표현을 쓸 수 있어요. 바가지를 썼다는 표현은 I got ripped off.입니다.

There were great sales at the outlet mall last week.

Are there great sales at the outlet mall?

There will be great sales at the outlet mall soon.

There will not be great sales at the outlet mall.

There are going to be great sales at the outlet mall.

TRAINING ❹ ▶ 문장변형 트레이닝 휘리릭~

My friend forgot her wallet.

1 미래형 / 의문문으로 휘리릭~

내 친구가 지갑을 깜빡할까?

2 주어를 I / 현재진행형으로 휘리릭~

난 내 지갑을 잊고 있었어.

3 주어를 I / 과거형 / 부정문으로 휘리릭~

난 내 지갑을 깜빡하지 않았어.

4 주어를 She / always와 함께 습관을 나타내는 현재형으로 휘리릭~

그녀는 항상 지갑을 깜빡해.

5 주어를 You / 과거형 / 의문문으로 휘리릭~

넌 네 지갑을 깜빡했니?

내 친구가 지갑을 깜빡 했어. forget은 '…를 깜빡 잊다'라는 뜻입니다. 잊는 것과 잃는 것은 다르겠지요? forget 대신 lost를 써서 My friend lost her wallet.이라고 하면 지갑을 잃어버렸다는 전혀 다른 의미가 된다는 사실을 알아두세요.

Will my friend forget her wallet?

I am forgetting my wallet.

I didn't forget my wallet.

She always forgets her wallet.

Did you forget your wallet?

TRAINING ⑤ ▶ 문장변형 트레이닝 휘리릭~

I like the striped shirt.

1   과거형으로 휘리릭~

난 줄무늬 셔츠를 많이 좋아했어.

2   주어를 You / 의문문으로 휘리릭~

넌 줄무늬 셔츠를 좋아하니?

3   주어를 You / 부정문 / 부가의문문으로 휘리릭~

넌 줄무늬 셔츠를 좋아하지 않는구나, 그렇지?

4   주어를 You / be going to를 넣어서 휘리릭~

넌 줄무늬 셔츠를 좋아하게 될 거야.

5   주어를 He / 부정문으로 휘리릭~

그는 줄무늬 셔츠를 좋아하지 않아.

나는 줄무늬 셔츠가 좋아. striped는 줄무늬가 있는 것을 말합니다. dotted는 점박이 무늬가 있는 것, checked 혹은 checkered는 체크무늬를 뜻합니다. 즉, dotted shirt는 '땡땡이 무늬 셔츠', checked shirts는 '체크무늬 셔츠'를 말합니다.

➤ I liked the striped shirt a lot.

➤ Do you like the striped shirt?

➤ You didn't like the striped shirt, did you?

➤ You are going to like the striped shirt.

➤ He doesn't like the striped shirt.

DAY 09 음식점에서

오늘은 〈음식점에서〉라는 주제와 관련한 문장변형 연습을 합니다.
음식점에서 식사를 할 때 많이 쓰는 생생한 표현이 담긴 5개의 주요 문장을
지시문에 따라 변형하며 말해보세요.

5 Sentences Preview

문장변형 연습을 할 주요 문장 5개를 미리 살펴봅니다.

My friend ordered a soda.
내 친구가 음료수를 시켰어.

I'd like some hash browns.
난 해시 브라운즈를 먹고 싶어.

We tried a few other restaurants.
우린 다른 식당들 몇 곳도 가봤어.

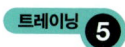

Would you like to see the wine list?
와인 리스트를 좀 보시겠어요?

We split the check.
우린 나눠서 계산해.

TRAINING ❶ ▶ 문장변형 트레이닝 휘리릭~

My friend ordered a soda.

1 현재진행형으로 휘리릭~

내 친구가 음료수를 시키고 있어.

2 미래형 / 부정문으로 휘리릭~

내 친구는 음료수를 시키지 않을 거야.

3 want to를 넣어 부정문으로 휘리릭~

내 친구는 음료수를 시키고 싶진 않을 거야.

4 be going to를 넣어 의문문으로 휘리릭~

넌 음료수를 살 거니?

5 Let's를 넣어 제안하는 문장으로 휘리릭~

음료수 사러 가자.

내 친구가 음료수를 시켰어. order는 무언가를 주문하다는 뜻입니다. soda는 탄산이 들어있는 음료수로 seven up이나 coke, sprite 등과 같은 것을 말하죠. 그 외에 이것들을 포함한 non-alcohol 음료들을 모두 묶어 soft drink라고 합니다. 같은 의미로 pop이라는 표현을 쓰기도 합니다.

My friend is ordering a soda.

My friend will not order a soda.

My friend doesn't want to order a soda.

Are you going to buy a soda?

Let's go buy some soda.

TRAINING ❷ ▶ 문장변형 트레이닝 휘리릭~

I'd like some hash browns.

---

1   반대의 뜻으로 휘리릭~

_____

난 내 해시 브라운즈가 싫어.

2   묻는 문장으로 휘리릭~

_____

해시 브라운즈 좀 먹을래?

3   주어를 You / 부가의문문을 붙여서 휘리릭~

_____

해시 브라운즈 좀 더 먹지 않을래, 응?

4   상대방의 의견을 묻는 문장으로 휘리릭~

_____

네 해시 브라운즈 마음에 드니?

5   please를 붙인 다른 요청문으로 휘리릭~

_____

저에게 해시 브라운즈를 좀 가져다 주세요.

난 해시 브라운즈를 먹고 싶어. hash browns는 감자를 잘게 자르거나 갈아서 다진 뒤 기름에 튀기거나 노릇하게 지진 요리를 말하는데 버거 사이에 넣어서 먹기도 하고 계란과 베이컨 등과 함께 먹기도 합니다.

- I don't like my hash browns.

- Would you like some hash browns?

- You would like some hash browns, wouldn't you?

- Do you like your hash browns?

- Bring me some hash browns, please.

TRAINING ❸ ▶ 문장변형 트레이닝 휘리릭~

We tried a few other restaurants.

1 주어를 I로 휘리릭~

난 다른 식당들 몇 곳도 가봤어.

2 주어를 I / 부정문으로 휘리릭~

난 다른 식당에는 가보지 않았어.

3 주어를 You / 과거형 / 의문문으로 휘리릭~

넌 어젯밤에 다른 식당들 몇 곳도 가봤니?

4 주어를 You / 미래형으로 휘리릭~

넌 다른 식당 몇 곳도 가 볼 생각이니?

5 주어를 You / 경험을 나타내는 완료형으로 휘리릭~

넌 다른 식당들 몇 곳도 가봤니?

3 ⊙ 9-3

우린 다른 식당들 몇 곳도 가봤어. 여기 저기 또는 이것 저것을 시도해 보고 경험해 보다를 영어로 말할 때 가장 많이 쓰는 단어가 try입니다. 음식을 먹어 보는 것도 try, 옷을 입어 보는 것도 try, 그리고 예문에서처럼 식당에 자리가 있는 지 알아 보는 것도 역시 try입니다.

- I tried a few other restaurants.

- I didn't try a few other restaurants.

- Did you try a few other restaurants last night?

- Will you try a few other restaurants?

- Have you tried a few other restaurants?

TRAINING ❹ ▶ 문장변형 트레이닝 휘리릭~

Would you like to see the wine list?

---

1 주어를 He / 평서문으로 휘리릭~

그는 지금 와인 리스트를 보고 싶어해.

2 주어를 I / 부정문으로 휘리릭~

나는 와인 리스트를 보고 싶지 않아.

3 May를 넣어서 허락을 구하는 문장으로 휘리릭~

내가 와인 리스트를 봐도 될까요?

4 다른 형태의 요청문으로 휘리릭~

저에게 와인 리스트를 좀 보여주세요.

5 Would you please를 사용하여 휘리릭~

저에게 와인 리스트 좀 보여 주시겠어요?

와인 리스트를 좀 보시겠어요? wine list는 어떤 와인들이 가게에 있는지 보여주는 리스트를 말합니다. 와인 메뉴라고는 하지 않아요. 그 이외에 보통 식당이나 가게의 메뉴들은 menu라고 합니다.

- He would like to see the wine list now.

- I would not like to see the wine list.

- May I have a wine list?

- Show me the wine list, please.

- Would you please show me the wine list?

TRAINING 5 ▶ 문장변형 트레이닝 휘리릭~

We split the check.

1 과거형 / 의문문으로 휘리릭~

우리 나눠서 계산했었니?

2 미래형으로 휘리릭~

우리 나중에 나눠서 계산하자.

3 현재진행형으로 휘리릭~

우리는 지금 나눠서 계산 중이야.

4 부가의문문을 붙여서 휘리릭~

우린 나눠서 계산했어, 그렇지?

5 청유형으로 휘리릭~

나눠서 계산하자.

우린 나눠서 계산해. split은 무언가를 나눈다는 의미입니다. check는 주문한 음식들의 리스트와 가격이 적혀 있는 종이로 계산서를 말합니다. 더치페이(dutch pay)도 split과 같은 맥락입니다. 요즘 우리나라 젊은이들도 split the check 문화에 아주 익숙하죠.

▶ Did we split the check?

▶ We will split the check later.

▶ We are splitting the check now.

▶ We split the check, didn't we?

▶ Let's split the check.

DAY 10 클럽에서

오늘은 〈클럽에서〉라는 주제와 관련한 문장변형 연습을 합니다. 친구들과 즐거운 술자리를 가질 때 많이 쓰는 생생한 표현이 담긴 5개의 주요 문장을 지시문에 따라 변형하며 말해보세요.

5 Sentences Preview

문장변형 연습을 할 주요 문장 5개를 미리 살펴봅니다.

트레이닝 1

I meet up with my friends at a bar.

난 바에서 친구들을 만나.

트레이닝 2

We can't find a table.

우린 테이블을 잡을 수 없어.

트레이닝 3

I'm going to grab a brew.

난 맥주 한잔하려고 해.

트레이닝 4

I saw a lot of my friends at the party.

나는 파티에서 많은 친구들을 봤어.

트레이닝 5

I didn't get home until dawn.

나는 새벽에야 집에 들어갔지.

TRAINING ❶ ▶ 문장변형 트레이닝 휘리릭~

I meet up with my friends at a bar.

1 주어를 You / 과거형 / 의문문으로 휘리릭~

지난 주말에 바에서 네 친구들을 만났니?

2 미래형으로 휘리릭~

난 내 친구들을 바에서 만날 거야.

3 과거형으로 휘리릭~

난 어젯밤에 바에서 내 친구들을 만났어.

4 과거형 / 부정문으로 휘리릭~

난 바에서 내 친구들을 만나지 않았어.

5 주어를 You / 미래형 / 의문문으로 휘리릭~

넌 이번 주에 바에서 친구들을 만날 거니?

1

🔊 10-1

난 바에서 친구들을 만나. 영어권 사람들이 정말 많이 쓰는 meet up with 는 '…와 약속하여 만나다' 라는 뜻입니다. bar는 술을 할 수 있는 공간으로 pub 이라 부르는 곳도 같은 곳입니다. 참고로 바에서 위스키를 주문하고 잔이 비면 계속 채워달라는 표현을 영어로 Keep it coming.이라고 합니다.

▶ Did you meet up with friends at a bar last weekend?

▶ I will meet up with my friends at a bar.

▶ I met up with my friends at a bar last night.

▶ I didn't meet up with my friends at a bar.

▶ Are you going to meet up with friends at a bar this weekend?

TRAINING ❷ ▶ 문장변형 트레이닝 휘리릭~

We can't find a table.

1 과거형으로 휘리릭~

우린 테이블을 잡을 수가 없었어.

2 상대에게 부탁하는 문장으로 휘리릭~

우리 테이블을 좀 찾아주시겠어요?

3 자신 있는 말투로 휘리릭~

걱정 마. 내가 테이블을 잡을게.

4 미래의 가능성을 의심하는 말투로 휘리릭~

우리가 테이블을 잡을 수 있을 것 같아?

5 미래형 / 부정문으로 휘리릭~

우린 테이블을 잡지 못할 거야.

2

 10-2

우린 테이블을 잡을 수 없어. can't find a table은 앉을 자리가 없다는 뜻으로 자리를 잡지 못했다는 의미입니다. 미국이나 캐나다에서 금요일, 토요일은 모든 사람들이 외식(eat out)하는 날이라 어느 식당이건 바이건 간에 empty tables가 없는 경우가 많습니다. 이때는 다른 곳에 가지 말고 한 곳에서 put your name on the wait(waiting) list하고 기다리는 게 상책입니다.

▶ We couldn't find a table.

▶ Could you find a table for us?

▶ Don't worry. I can find a table.

▶ Are we going to be able to find a table?

▶ We won't be able to find a table.

149

TRAINING ❸ ▶ 문장변형 트레이닝 휘리릭~

I'm going to grab a brew.

---

1 과거형 / 부정문으로 휘리릭~

난 맥주 한잔하지 않았어.

2 현재진행형으로 휘리릭~

난 맥주 한잔하고 있어.

3 주어를 You / 과거형 / 의문문으로 휘리릭~

너 맥주 한잔했니?

4 주어를 You / 과거형 / 부가의문문으로 휘리릭~

너 맥주 한잔했지, 그렇지 않아?

5 주어를 You / 의문문으로 휘리릭~

너 맥주 한잔할 거니?

난 맥주 한잔하려고 해. brew는 맥주를 만드는 과정에서 완성되기 전의 중간 단계의 술을 의미하기도 합니다. 그리고 grab은 원래는 '잡다' 라는 뜻이지만, 이 두 단어가 만나서 grab a brew라고 하면 '술을 한잔하다' 라는 의미가 되지요. 간단히 I'm going to drink tonight!이라고 말할 수도 있지요.

I didn't grab a brew.

I am grabbing a brew.

Did you grab a brew?

You grabbed a brew, didn't you?

Are you going to grab a brew?

TRAINING ④ ▶ 문장변형 트레이닝 휘리릭~

I saw a lot of my friends at the party.

1 미래형으로 휘리릭~

난 파티에서 친구들을 많이 만날 거야.

2 주어를 She / 부정문으로 휘리릭~

그녀는 파티에서 친구들을 많이 보지 못했구나.

3 주어를 You / 과거형 / 의문문으로 휘리릭~

넌 파티에서 친구들을 많이 만났니?

4 주어를 You / 부정문 / 부가의문문으로 휘리릭~

넌 파티에서 친구들을 많이 만나지 않았구나, 그렇지?

5 be going to를 넣어서 / 미래형 / 의문문으로 휘리릭~

넌 파티에서 친구를 많이 볼 거니?

나는 파티에서 많은 친구들을 봤어. 미국의 사교 활동의 중심에는 party가 있습니다. 대학생활에서나 사회생활에서나 party는 인간관계를 확장하고 서로 소통하는 중요한 시간이죠. 특히 금요일 저녁에 주로 파티가 열리는데 '파티에서' 라고 할 때는 주로 at the party라고 표현합니다.

I will see a lot of my friends at the party.

She doesn't see a lot of her friends at the party.

Did you see a lot of friends at the party?

You didn't see a lot of friends at the party, did you?

Are you going to see a lot of friends at the party?

TRAINING 5 ▶ 문장변형 트레이닝 휘리릭~

I didn't get home until dawn.

1 과거형 / 평서문으로 휘리릭~

난 새벽에 집에 왔어.

2 미래형 / 부정문으로 휘리릭~

난 새벽까지 집에 안 들어갈 거야.

3 주어를 You / 과거형 / 의문문으로 휘리릭~

너 새벽에 집에 들어갔니?

4 주어를 You / 부정문 / 부가의문문으로 휘리릭~

너 새벽에야 집에 들어갔지, 그렇지?

5 be going to를 넣어서 / 미래형 / 의문문으로 휘리릭~

너 새벽이 되기 전에 집에 들어갈 거니?

나는 새벽에야 집에 들어갔지. not ... until은 '…가 돼서야 ~했다'라는 뜻입니다. dawn은 새벽이라는 뜻으로 동이 틀 무렵을 가리키는데, 새벽까지 집에 안 갔다는 말은 새벽이 되어서야 집에 들어갔다는 뜻이겠죠? 만약 12시가 돼서야 집에 들어갔다고 말하고 싶다면 I didn't get home until midnight.라고 하면 됩니다.

▶ I got home at dawn.

▶ I won't get home until dawn.

▶ Did you get home at dawn?

▶ You didn't get home until dawn, did you?

▶ Are you going to get home before dawn?

여가 생활

DAY 11 집에서의 휴식
DAY 12 컴퓨터 | DAY 13 이성 친구
DAY 14 운동 | DAY 15 다이어트

3rd WEEK

DAY 11 집에서의 휴식

오늘은 〈집에서의 휴식〉이라는 주제와 관련한 문장변형 연습을 합니다.
집에서 휴식하면서 많이 쓰는 생생한 표현이 담긴 5개의 주요 문장을
지시문에 따라 변형하며 말해보세요.

5 Sentences Preview

문장변형 연습을 할 주요 문장 5개를 미리 살펴봅니다.

트레이닝 1

My family is having dinner together tonight.

오늘 밤에 가족끼리 함께 식사할 거야.

트레이닝 2

I made a delicious dessert.

내가 맛있는 디저트를 만들었어.

트레이닝 3

I took a short nap just after lunch.

난 점심 먹고 나서 짧게 낮잠을 잤어.

트레이닝 4

I missed the teaser.

난 예고편을 놓쳤어.

트레이닝 5

It's a rerun!

재방송이다!

TRAINING ❶ ▶ 문장변형 트레이닝 휘리릭~

My family is having dinner together tonight.

1 과거형으로 휘리릭~

어젯밤에 가족끼리 함께 식사를 했어.

2 가까운 미래를 나타내는 be going to를 넣어서 휘리릭~

우리 가족은 내일 밤에 함께 식사할 거야.

3 과거형 / 의문문으로 휘리릭~

오늘 밤에 너희 가족이 함께 식사를 했니?

4 미래형으로 휘리릭~

너희 가족은 오늘 밤에 함께 식사할 거야.

5 주어를 They / usually와 함께 습관을 나타내는 현재형으로 휘리릭~

그들은 보통 함께 저녁을 먹어.

오늘 밤에 가족끼리 함께 식사할 거야. have dinner together는 '함께 저녁 식사를 하다' 라는 뜻입니다. I have a family gathering tonight.이라고 하면 가족모임(family-gathering)이 있다는 표현입니다.

My family had dinner together last night.

My family is going to have dinner together tomorrow night.

Did your family have dinner together tonight?

Your family will have dinner together tonight.

They usually have dinner together.

TRAINING ❷ ▶ 문장변형 트레이닝 휘리릭~

I made a delicious dessert.

1   미래형으로 휘리릭~

내가 너한테 맛있는 디저트를 만들어 줄게.

2   현재진행형으로 휘리릭~

내가 맛있는 디저트를 만들고 있어.

3   can't를 넣어서 휘리릭~

나는 맛있는 디저트를 만들 수 없어.

4   be going to를 넣어서 휘리릭~

난 맛있는 디저트를 만들 거야.

5   주어를 You / 미래형 / 의문문으로 휘리릭~

맛있는 디저트를 만들어 줄래?

내가 맛있는 디저트를 만들었어. 식사 후에 먹는 달콤한 음식들을 모두 dessert라고 합니다. pudding이나 cake 혹은 jelly같은 것들을 말하죠. 디저트는 보통 마트에서 사지 않고 집에서 직접 만들어(homemade dessert) 준비합니다.

▶ I will make a delicious dessert for you.

▶ I am making a delicious dessert.

▶ I can't make a delicious dessert.

▶ I am going to make a delicious dessert.

▶ Will you make a delicious dessert?

TRAINING ❸ ▶ 문장변형 트레이닝 휘리릭~

I took a short nap just after lunch.

---

1 미래형으로 휘리릭~

점심 먹고 바로 짧게 낮잠을 잘 거야.

2 현재진행형 / 부정문으로 휘리릭~

난 점심 먹고 짧은 낮잠을 자지 않아.

3 가까운 미래를 나타내는 be going to를 넣어서 휘리릭~

나는 점심 먹고 짧게 낮잠을 잘 생각이야.

4 주어를 You / 현재진행형 / 의문문으로 휘리릭~

너 점심 먹고 짧게 낮잠 자니?

5 주어를 You / 부가의문문으로 휘리릭~

너 점심 먹고 짧게 낮잠 잤지, 그렇지 않아?

11-3

난 점심 먹고 나서 짧게 낮잠을 잤어. nap은 낮잠을 뜻합니다. 낮잠을 잤다고 말할 때는 sleep이라고 하지 않고, take a nap이라고 합니다. short nap은 잠깐 자는 짧은 낮잠을 의미하죠. 점심 식사 후 10분 동안의 낮잠은 건강에 무척 좋다는 얘기가 있는데요, 그것도 때와 장소를 가려야지 잘못하면 getting fire(해고당하다)될 수 있으니 조심해야겠죠?

I will take a short nap just after lunch.

I am not taking a short nap after lunch.

I am going to take a short nap after lunch.

Are you taking a short nap after lunch?

You took a short nap after lunch, didn't you?

165

TRAINING ④ ▶ 문장변형 트레이닝 휘리릭~

I missed the teaser.

1 현재진행형으로 휘리릭~

난 예고편을 놓치고 있어.

2 과거형 / 부정문으로 휘리릭~

난 예고편을 놓치지 않았어.

3 주어를 You / 과거형 / 의문문으로 휘리릭~

너 예고편을 놓쳤어?

4 주어를 You / 과거형 / 부가의문문으로 휘리릭~

너 예고편을 놓쳤어, 그렇지 않아?

5 주어를 You / 미래형 / 의문문으로 휘리릭~

넌 예고편을 놓칠 것 같니?

🔊 11-4

난 예고편을 놓쳤어. teaser는 드라마나 뮤직 비디오, 영화 등의 예고편을 일컫는 말입니다. miss는 그립다는 뜻도 있지만 여기에서는 '놓치다' 라는 의미로 쓰였습니다. 예를 한 가지 더 살펴봅시다. I missed train.(= Just missed the train.)

➤ I am missing the teaser.

➤ I didn't miss the teaser.

➤ Did you miss the teaser?

➤ You missed the teaser, didn't you?

➤ Are you going to miss the teaser?

TRAINING ❺ ▶ 문장변형 트레이닝 휘리릭~

It's a rerun!

1 부정문으로 휘리릭~

이건 재방송이 아니야.

2 과거형 / 의문문으로 휘리릭~

재방송이었어?

3 부가의문문으로 휘리릭~

이건 재방송이지, 그렇지?

4 미래형 / 부정문으로 휘리릭~

이건 재방송 안 될 거야.

5 be going to를 넣어서 / 미래형 / 의문문으로 휘리릭~

이거 재방송이 될까?

🔊 11-5

재방송이다! rerun! 다시 달리라고요? run은 '달리다' 란 의미가 가장 일반적이지만 프로그램 등이 방송되는 것을 말할 때도 쓰는 표현이랍니다. 즉, 다시(re) 방송(run)되니까, 재방송이라는 의미가 되겠죠.

▶ It isn't a rerun.

▶ Was it a rerun?

▶ It's a rerun, isn't it?

▶ It won't be a rerun.

▶ Is it going to be a rerun?

DAY 12 컴퓨터

오늘은 〈컴퓨터〉라는 주제와 관련한 문장변형 연습을 합니다.
컴퓨터를 사용할 때 많이 쓰는 생생한 표현이 담긴 5개의 주요 문장을
지시문에 따라 변형하며 말해보세요.

5 Sentences Preview

문장변형 연습을 할 주요 문장 5개를 미리 살펴봅니다.

트레이닝 1

I use Twitter a lot lately.
난 최근에 트위터를 많이 써.

트레이닝 2

I check Facebook many times every day.
난 매일 몇 번씩 페이스북을 확인해.

트레이닝 3

I bookmarked it.
난 그것을 북마크했어.

트레이닝 4

I keep getting spam.
난 스팸이 계속 들어온다니까.

트레이닝 5

You can text message with your cell phone.
넌 휴대전화로 문자 보낼 수 있어.

TRAINING ❶ ▶ 문장변형 트레이닝 휘리릭~

I use Twitter a lot lately.

1 현재진행형으로 *휘리릭~*

_____

난 최근에 트위터를 많이 쓰고 있어.

2 미래형으로 *휘리릭~*

_____

난 다음 주에 트위터를 많이 쓸 거야.

3 과거형으로 *휘리릭~*

_____

난 저번 주에 트위터를 많이 썼어.

4 주어를 You / 현재진행형 / 의문문으로 *휘리릭~*

_____

넌 최근에 트위터를 많이 쓰고 있니?

5 현재완료형으로 *휘리릭~*

_____

난 최근에 트위터를 많이 하고 있어.

난 최근에 트위터를 많이 써. Twitter는 I-Phone에서도 접속할 수 있고 인터넷으로도 접속해서 댓글을 달면서 사람들과 소통하는 최근 인기 있는 소셜 네트워킹 사이트죠. twitter는 '지저귀다' 라는 뜻입니다. 새들이 지저귀는 것과 같이 쉴새없이 수다 떠는 모습이 그려지지 않으세요?

I am using Twitter a lot lately.

I will use Twitter a lot next week.

I used Twitter a lot last week.

Are you using Twitter a lot lately?

I have used Twitter a lot lately.

TRAINING ❷ ▶ 문장변형 트레이닝 휘리릭~

I check Facebook many times every day.

1 주어를 You / 미래형 / 의문문으로 휘리릭~

너 내일 페이스북을 확인할 거니?

2 과거형 / 부정문으로 휘리릭~

난 페이스북을 자주 확인하지 않았어.

3 현재진행형으로 휘리릭~

난 매일 페이스북을 몇 번이나 확인하고 있어.

4 주어를 You / 부정문 / 부가의문문으로 휘리릭~

넌 페이스북을 자주 체크하지 않지, 그렇지?

5 주어를 You / 의문문으로 휘리릭~

넌 페이스북을 자주 체크하니?

2

난 매일 몇 번씩 페이스북을 확인해. 싸이월드의 international version이라고 생각하면 이해가 쉬운 Facebook은 사람들 간의 네트워크가 좋은 것이 특징입니다. 쪽지나 클럽 등의 기능도 있기 때문에 친구 사귀기에는 최고라 할 수 있죠! e-mail이나 Twitter, Facebook을 확인한다는 것을 말할 때는 check를 써서 표현합니다.

Will you check Facebook tomorrow?

I didn't check Facebook many times.

I am checking Facebook many times every day.

You didn't check Facebook much, did you?

Do you check Facebook much?

TRAINING ❸ ▶ 문장변형 트레이닝 휘리릭~

I bookmarked it.

1 미래형으로 휘리릭~

난 그것을 북마크할 거야.

2 주어를 You / 과거형 / 의문문으로 휘리릭~

너 그걸 북마크했니?

3 주어를 You / 부가의문문으로 휘리릭~

넌 그걸 북마크했지, 그렇지 않아?

4 현재완료형 / 부정문으로 휘리릭~

난 그걸 북마크하지 않았어.

5 주어를 He / always와 함께 습관을 나타내는 현재형으로 휘리릭~

그는 언제나 그걸 북마크한다니까.

🔘 12-3

난 그것을 북마크했어. bookmark라 함은 '책갈피' 기능으로 인터넷에서 자주 찾는 사이트들을 즐겨찾기에 추가해서 매번 주소를 직접 입력할 필요 없이 클릭 한 번으로 곧바로 이동할 수 있는 기능을 말합니다. 인사동에 가면 기념품으로 예쁜 bookmarker를 많이 볼 수 있죠?

I will bookmark it.

Did you bookmark it?

You bookmarked it, didn't you?

I haven't bookmarked it.

He always bookmarks it.

TRAINING ❹ ▶ 문장변형 트레이닝 휘리릭~

I keep getting spam.

1 같은 의미 다른 표현으로 휘리릭~

_____

난 스팸 메일이 정말 많이 들어와.

2 미래형으로 휘리릭~

_____

난 계속 스팸 메일을 받게 될 거야.

3 과거형으로 휘리릭~

_____

나 계속 스팸 메일이 들어왔었어.

4 주어를 You / 의문문으로 휘리릭~

_____

너 계속 스팸 메일이 들어오니?

5 주어를 You / 부가의문문으로 휘리릭~

_____

너 계속 스팸 메일이 들어오지, 그렇지?

4

🔊 12-4

난 스팸이 계속 들어온다니까. spam은 자기도 알 수 없는 이상한 곳에서 끊임없이 날아오는 광고성 메일을 말합니다. 다른 말로는 junk mail이라고도 하죠. 계속해서 들어온다는 것은 〈keep + ~ing〉을 써서 표현합니다. Keep going!(계속해서 가!)

▶ I **get a lot of** spam.

▶ I **will** keep getting spam.

▶ I **kept** getting spam.

▶ **Do you** keep getting spam?

▶ **You** keep getting spam, **don't you?**

TRAINING ❺ ▶ 문장변형 트레이닝 휘리릭~

You can text message with your cell phone.

1 의문문으로 휘리릭~

넌 휴대전화로 문자 보낼 수 있어?

2 주어를 I로 휘리릭~

난 내 휴대전화로 문자 보낼 수 있어.

3 주어를 I / 과거형으로 휘리릭~

난 내 휴대전화로 문자 보낼 수 있었어.

4 주어를 I / 과거형 / 부정문으로 휘리릭~

난 내 휴대전화로 문자를 보낼 수가 없었어.

5 미래형 / 의문문으로 휘리릭~

너 휴대전화로 문자 보낼 수 있어?

넌 휴대전화로 문자 보낼 수 있어. 문자메시지를 text message라고 합니다. 문자메시지를 보낸다고 할 때는 I send text message.라고 하는 것도 좋지만, text를 그냥 동사로 써서 I text message.라고 하거나 I text.까지만 말해도 됩니다.

▶ Can you text message with your cell phone?

▶ I can text message with my cell phone.

▶ I was able to text message with my cell phone.

▶ I couldn't text message with my cell phone.

▶ Will you be able to text message with your cell phone?

DAY 13 이성 친구

오늘은 〈이성 친구〉라는 주제와 관련한 문장변형 연습을 합니다.
이성 친구와 관련하여 많이 쓰는 생생한 표현이 담긴 5개의 주요 문장을
지시문에 따라 변형하며 말해보세요.

5 Sentences Preview

문장변형 연습을 할 주요 문장 5개를 미리 살펴봅니다.

He's taking me out to dinner.
그가 날 저녁 식사에 데려갈 거야.

He fixed me up with one of his friends.
그가 그의 친구 중 한 명이랑 날 소개팅을 시켜줬어.

We broke up in March.
우리는 3월에 헤어졌어.

We really hit it off.
우린 정말 서로 잘 통했지.

She is two-timing you.
그녀는 너한테 양다리 걸치고 있어.

TRAINING ❶ ▶ 문장변형 트레이닝 휘리릭~

He's taking me out to dinner.

1 과거형으로 휘리릭~

그가 날 어젯밤 저녁 식사에 데려갔어.

2 미래형으로 휘리릭~

그가 날 내일 저녁 식사에 데려갈 거야.

3 부정문으로 휘리릭~

그는 날 저녁 식사에 데려가지 않을 거야.

4 미래형 / 의문문으로 휘리릭~

그가 날 저녁 식사에 데려갈까?

5 never를 넣어서 강한 부정문으로 휘리릭~

그는 절대 나를 저녁 식사에 데려가지 않아.

1

🔊 13-1

그가 날 저녁 식사에 데려갈 거야. take out은 무언가를 밖으로 가지고 나간다는 뜻입니다. take me out to dinner는 식사를 위해 나를 밖으로 데리고 나간 것이니까 '나에게 저녁 식사를 청했다'는 뜻이죠. 데이트 신청할 때 남자가 흔히 쓰는 방법이 이 take someone out to dinner인데요, 같은 표현으로 ask me out(나에게 데이트 신청하다)이 있습니다.

▶ He **took** me out to dinner last night.

▶ He **will** take me out to dinner tomorrow night.

▶ He **isn't** taking me out to dinner.

▶ **Will** he take me out to dinner?

▶ He **never** takes me out to dinner.

TRAINING ❷ ▶ 문장변형 트레이닝 휘리릭~

He fixed me up with one of his friends.

1 과거형 / 의문문으로 휘리릭~

그가 그의 친구 중 한 명이랑 널 소개팅 시켜줬니?

2 미래형 / 부정문으로 휘리릭~

그는 그의 친구 중 한 명이랑 날 소개팅 시켜주지는 않을 거야.

3 의문사 Why를 붙여서 의문문으로 휘리릭~

왜 그가 그의 친구 중 한 명과 널 소개팅 시켜주지 않는 것일까?

4 미래형 / 의문문으로 휘리릭~

그가 그의 친구 중 한 명과 널 소개팅을 시켜줄까?

5 Please를 붙여 상대에게 부탁하는 표현으로 휘리릭~

네 친구 한 명 좀 소개시켜 주라.

그가 그의 친구 중 한 명이랑 날 소개팅을 시켜줬어. fix A up with B는 'A에게 B(이성 친구)를 만나게 해주다'라는 뜻입니다. 즉, 누군가를 소개시켜 주는 것을 의미합니다. 서로 얼굴을 모르는 사이에서 만나게 되는 소개팅을 blind date라고도 합니다.

Did he fix you up with one of his friends?

He won't fix me up with one of his friends.

Why won't he fix you up with one of his friends?

Will he fix you up with one of his friends?

Please fix me up with one of your friends.

TRAINING ❸ ▶ 문장변형 트레이닝 휘리릭~

We broke up in March.

1 미래형 / 부정문으로 휘리릭~

우린 안 헤어질 거야.

2 주어를 You / 과거형 / 의문문으로 휘리릭~

너 3월에 헤어졌어?

3 주어를 '너희들'로 바꿔서 묻는 말투로 휘리릭~

너희들 3월에 헤어졌어?

4 never를 넣어서 강한 부정으로 휘리릭~

우린 절대 안 헤어질 거야.

5 need to를 넣어서 휘리릭~

우린 헤어져야 해.

3

🎧 13-3

우리는 3월에 헤어졌어. break up은 '헤어지다' 라는 뜻입니다. 여자 친구와 헤어졌다는 표현은 I break up with my girl friend.가 되겠죠. 같은 표현으로 We are history.라고 할 수도 있습니다. 그렇다면 내가 그를 차버렸다는 영어로 어떻게 말할까요? I dumped him.이라고 하면 되겠죠.

▶ We will not break up.

▶ Did you break up in March?

▶ You guys broke up in March?

▶ We will never break up.

▶ We need to break up.

TRAINING ④ ▶ 문장변형 트레이닝 휘리릭~

We really hit it off.

1 주어를 You / 의문문으로 휘리릭~

정말 그 사람이랑 잘 맞아?

2 현재진행형으로 휘리릭~

우린 정말 잘 지낼 거야.

3 과거형 / 부정문으로 휘리릭~

우린 정말 잘 맞지 않았어.

4 동의를 구하는 의문문으로 휘리릭~

우리 정말 잘 지낼 것 같지 않니?

5 주어를 바꿔 의문문으로 휘리릭~

너희들 정말 잘 지내니?

4

🎧 13-4

우린 정말 서로 잘 통했지. hit it off는 '…와 잘 맞다'라는 뜻으로, 친구들 중에서는 특히 죽이 잘 맞는 친구들을 말하고, 남녀 관계에서는 서로 잘 통하는 사이라고 볼 수 있습니다. 그럼 첫눈에 반했다는 표현은 어떻게 말할까요? I crushed on him.이라고 하면 됩니다. We were made for each other.는 우린 천생연분이라는 뜻이구요.

▶ Did you really hit it off?

▶ We are really hitting it off.

▶ We really didn't hit it off.

▶ Aren't we really hitting it off?

▶ You guys really hit it off?

TRAINING 5 ▶ 문장변형 트레이닝 휘리릭~

She is two-timing you.

---

1 미래형으로 휘리릭~

그녀가 너에게 양다리 걸칠 거야.

2 의문문으로 휘리릭~

그녀가 너에게 양다리 걸치고 있니?

3 부가의문문을 붙여서 휘리릭~

그녀가 너에게 양다리 걸치고 있지, 안 그래?

4 과거형 / 부정문으로 휘리릭~

그녀는 너에게 양다리 걸치고 있지 않았어.

5 과거형 / 의문문으로 휘리릭~

그녀가 너에게 양다리 걸치고 있었니?

그녀는 너한테 양다리 걸치고 있어. two-time은 '양다리를 걸치다' 라는 뜻입니다. 같은 뜻으로는 double-deal이 있죠. 즉, She is double-dealing you. 라는 말도 양다리를 걸치고 있다는 뜻입니다.

- She will be two-timing you.

- Is she two-timing you?

- She's two-timing you, isn't she?

- She was not two-timing you.

- Was she two-timing you?

DAY 14 운동

오늘은 〈운동〉이라는 주제와 관련한 문장변형 연습을 합니다.
건강을 위한 운동을 할 때 많이 쓰는 생생한 표현이 담긴 5개의 주요 문장을
지시문에 따라 변형하며 말해보세요.

5 Sentences Preview

문장변형 연습을 할 주요 문장 5개를 미리 살펴봅니다.

트레이닝 1

I'm trying to get in shape.

난 몸 관리를 하려고 해.

트레이닝 2

I decided to work out tonight.

난 오늘 저녁에 운동하기로 했어.

트레이닝 3

He runs on the treadmill at the health club.

그는 헬스장에서 러닝머신을 뛰어.

트레이닝 4

I swim laps until I'm tired.

난 피곤할 때까지 수영장을 왔다갔다 수영해.

트레이닝 5

I lift weights every once in a while.

난 가끔 웨이트 트레이닝을 해.

TRAINING ❶ ▶ 문장변형 트레이닝 휘리릭~

I'm trying to get in shape.

---

1 과거진행형으로 휘리릭~

난 몸 관리를 하려고 하고 있었어.

2 미래형으로 휘리릭~

난 몸 관리를 하려고 할 거야.

3 현재형 / 부정문으로 휘리릭~

난 몸 관리를 하려 하지 않아.

4 주어를 You / 의문문으로 휘리릭~

너 몸 관리를 하려고 하니?

5 주어를 You / 미래형 / 부정문 / 부가의문문으로 휘리릭~

넌 몸 관리를 하려고 하지 않을 거야, 그렇지?

난 몸 관리를 하려고 해. get in shape는 '좋은 몸매를 갖게 되다'라는 뜻입니다. be in shape도 같은 뜻이죠. 여기에 good이나 perfect 같은 형용사를 덧붙여서 I'm trying to get in perfect shape.라고 말할 수도 있습니다.

▶ I was trying to get in shape.

▶ I will try to get in shape.

▶ I don't try to get in shape.

▶ Are you trying to get in shape?

▶ You won't try to get in shape, will you?

TRAINING ❷ ▶ 문장변형 트레이닝 휘리릭~

I decided to work out tonight.

1 미래형으로 휘리릭~

난 오늘 밤에 운동할 거야.

2 현재진행형으로 휘리릭~

난 오늘 밤에 운동하려고 마음먹고 있어.

3 주어를 You / 과거형 / 의문문으로 휘리릭~

넌 오늘 밤에 운동하려고 마음먹었니?

4 주어를 You / 현재완료형 / 의문문으로 휘리릭~

넌 오늘 밤에 운동하기로 했니?

5 주어를 You / 부정문 / 부가의문문으로 휘리릭~

넌 오늘 밤에 운동하려고 마음먹지 않았구나, 그렇지?

난 오늘 저녁에 운동하기로 했어. work out을 단어 그대로 밖에서 일한다고 해석을 하면 절대 NO! work out은 살을 빼거나 몸매를 가꾸기 위해서 운동을 하는 것을 의미합니다. 그래서 I work out three days a week.라고 하면 '난 일주일에 3일을 운동해요' 라는 의미가 됩니다.

▶ I will work out tonight.

▶ I am deciding to work out tonight.

▶ Did you decide to work out tonight?

▶ Have you decided to work out tonight?

▶ You didn't decide to work out tonight, did you?

TRAINING ❸ ▶ 문장변형 트레이닝 휘리릭~

He runs on the treadmill at the health club.

1   현재진행형으로 휘리릭~

그는 헬스장에서 러닝머신 뛰고 있는 중이야.

2   과거형 / 의문문으로 휘리릭~

그가 헬스장에서 러닝머신을 뛰었니?

3   과거형 / 부정문으로 휘리릭~

그는 헬스장에서 러닝머신을 뛰지 않았어.

4   미래형으로 휘리릭~

그는 헬스장에서 러닝머신을 뛸 거야.

5   현재진행형 / 의문문으로 휘리릭~

그는 헬스장에서 러닝머신을 뛰고 있니?

3

그는 헬스장에서 러닝머신을 뛰어. 러닝머신이 영어로 running machine인줄 알았다고요? 하지만, 그렇게 말했다가 낭패를 볼 수 있습니다. 왜냐하면 running machine이란 표현은 지금 움직이고 있는 기계라는 뜻이기 때문이죠. 달리는 운동을 위한 기계인 러닝머신은 treadmill이라고 합니다.

- He is running on the treadmill at the health club.

- Did he run on the treadmill at the health club?

- He didn't run on the treadmill at the health club.

- He will run on the treadmill at the health club.

- Is he running on the treadmill at the health club?

TRAINING ❹ ▶ 문장변형 트레이닝 휘리릭~

I swim laps until I'm tired.

1 미래형으로 휘리릭~

난 피곤할 때까지 수영장을 왔다갔다할 거야.

2 과거형으로 휘리릭~

나는 피곤할 때까지 수영장을 왔다갔다했어.

3 현재진행형으로 휘리릭~

나는 피곤할 때까지 수영장을 왔다갔다하고 있어.

4 주어를 You / 과거형 / 의문문으로 휘리릭~

넌 피곤해질 때까지 수영장을 왔다갔다했니?

5 주어를 You / 과거형 / 부가의문문으로 휘리릭~

넌 피곤해질 때까지 수영장을 왔다갔다했어, 안 그래?

14-4

난 피곤할 때까지 수영장을 왔다갔다 수영해. 올림픽의 쇼트트랙이나 계주 경기 등에서 남은 바퀴 수를 표시할 때도 볼 수 있듯이 lap은 수영장이나 달리기 경기장에서 말하는 한 바퀴를 의미합니다. 즉, I swim laps.는 '수영장을 여러 번 왔다갔다 했다'는 의미죠. until은 '…할 때까지'라는 뜻입니다.

I will swim laps until I'm tired.

I swam laps until I was tired.

I am swimming laps until I'm tired.

Did you swim laps until you were tired?

You swam laps until you were tired, didn't you?

TRAINING 5 ▶ 문장변형 트레이닝 휘리릭~

I lift weights every once in a while.

1 미래형으로 휘리릭~

난 나중에 웨이트 트레이닝을 할 거야.

2 과거형으로 휘리릭~

나는 가끔 웨이트 트레이닝을 했었어.

3 현재진행형으로 휘리릭~

나 지금 웨이트 트레이닝 하고 있어.

4 주어를 You / 의문문으로 휘리릭~

넌 가끔 웨이트 트레이닝을 하니?

5 주어를 You / 과거형 / 부정문으로 휘리릭~

넌 가끔 웨이트 트레이닝을 하지 않았잖아.

난 가끔 웨이트 트레이닝을 해. weight는 무게라는 뜻이지만 -s가 붙으면 의미가 달라집니다. weights는 무거운 것들을 뜻하므로, 헬스장에 있는 역기나 추가 달린 운동기구 들을 의미합니다. once in a while은 '가끔씩' 이라는 뜻으로, 유사한 표현으로 sometimes, now and then 등이 있습니다.

I will lift weights later.

I lifted weights every once in a while.

I am lifting weights.

Do you lift weights every once in a while?

You didn't lift weights every once in a while.

DAY 15 다이어트

오늘은 〈다이어트〉라는 주제와 관련한 문장변형 연습을 합니다.
다이어트와 관련하여 많이 쓰는 생생한 표현이 담긴 5개의 주요 문장을
지시문에 따라 변형하며 말해보세요.

5 Sentences Preview

문장변형 연습을 할 주요 문장 5개를 미리 살펴봅니다.

트레이닝 1

I'm on a diet right now.
나는 지금 다이어트 중이야.

트레이닝 2

I'm avoiding white bread.
나는 흰 빵을 피하고 있어.

트레이닝 3

I'm trying to lose my beer belly.
나는 똥배를 빼려고 애쓰고 있어.

트레이닝 4

It's difficult to follow a diet.
식단을 따르는 건 어려워.

트레이닝 5

Have you been on a diet?
다이어트를 해본 적 있어?

TRAINING ❶ ▶ 문장변형 트레이닝 휘리릭~

I'm on a diet right now.

1 미래형으로 휘리릭~

나는 내년에 다이어트를 할 거야.

2 과거형으로 휘리릭~

나는 어제 다이어트 중이었어.

3 주어를 You / 의문문으로 휘리릭~

너 지금 다이어트 중이니?

4 주어를 You / 과거형 / 부가의문문으로 휘리릭~

너는 다이어트 중이었지, 그렇지 않니?

5 현재완료형 / 부정문으로 휘리릭~

난 다이어트를 한 번도 해본 적이 없어.

나는 지금 다이어트 중이야. be on a diet는 다이어트를 하고 있는 중이라는 뜻입니다. right now는 '바로 지금' 이라는 뜻으로 right away와도 같은 의미죠. 다이어트는 단지 살을 빼는 것뿐만이 아니라 너무 skinny한 사람들이 살을 찌우는 것도 포함합니다. 즉, '식단 조절' 이라는 의미입니다.

I will be on a diet next year.

I was on a diet yesterday.

Are you on a diet right now?

You were on a diet, weren't you?

I have never been on a diet.

TRAINING ❷ ▶ 문장변형 트레이닝 휘리릭~

I'm avoiding white bread.

---

1 과거진행형으로 휘리릭~

나는 흰 빵을 피하고 있었어.

2 주어를 You / 현재진행형 / 의문문으로 휘리릭~

너 흰 빵은 피하고 있니?

3 미래형으로 휘리릭~

나는 건강 때문에 흰 빵은 피할 거야.

4 주어를 You / 과거형 / 부가의문문으로 휘리릭~

너는 흰 빵은 피했었지, 그렇지 않아?

5 현재완료진행형으로 휘리릭~

나는 흰 빵을 피해왔어.

나는 흰 빵을 피하고 있어. avoid는 '…를 피하다' 라는 뜻입니다. white bread는 흰 밀가루로 만든 하얀 빵을 의미합니다. 그 외 다른 빵 종류로는 wheat bread(통호밀빵), rye bread(통밀흑빵) 등이 있습니다.

- I was avoiding white bread.

- Are you avoiding white bread?

- I will avoid white bread because of my health.

- You avoided white bread, didn't you?

- I have been avoiding white bread.

TRAINING ❸ ▶ 문장변형 트레이닝 휘리릭~

I'm trying to lose my beer belly.

---

1 현재형으로 휘리릭~

나는 똥배를 빼려고 해.

2 과거진행형 / 부정문으로 휘리릭~

나는 똥배를 빼려고 하지 않았어.

3 현재완료진행형으로 휘리릭~

나는 똥배를 빼려고 노력을 해오고 있는 중이야.

4 주어를 You / 현재진행형 / 의문문으로 휘리릭~

너는 똥배를 빼려고 하고 있니?

5 주어를 You / 과거형 / 부가의문문으로 휘리릭~

너는 똥배를 빼려고 하고 있었어, 그렇지 않아?

3

🔊 15-3

나는 똥배를 빼려고 애쓰고 있어. belly는 원래 '배꼽'이라는 뜻입니다. beer belly는 불룩하게 나온 배를 말하는 것으로 맥주 배, 혹은 올챙이 배, 똥배를 뜻합니다. lose는 '잃다'라는 뜻인데, 살을 빼려고 할 때 lose weight라는 표현을 씁니다.

- I try to lose my beer belly.

- I was not trying to lose my beer belly.

- I have been trying to lose my beer belly.

- Are you trying to lose your beer belly?

- You were trying to lose your beer belly, weren't you?

TRAINING ④ ▶ 문장변형 트레이닝 휘리릭~

It's difficult to follow a diet.

1   의문문으로 휘리릭~

_____

식단을 따르는 게 어렵니?

2   강조하는 문장으로 휘리릭~

_____

식단을 따르는 건 정말 어려워.

3   미래형으로 휘리릭~

_____

식단을 따르는 건 어려울 거야.

4   과거형 / 의문문으로 휘리릭~

_____

식단을 따르는 게 어려웠니?

5   미래형 / 부정문으로 휘리릭~

_____

식단을 따르는 건 어렵지 않을 거야.

4

🔊 15-4

식단을 따르는 건 어려워. diet는 '식단'이라는 뜻도 가지고 있습니다. 그래서 a balanced diet는 '균형잡힌 식단', a low-fat diet는 '저지방 식단', 그리고 salt-free diet는 '무염식'을 의미합니다. follow는 '따르다'라는 뜻으로 여기에서는 식단대로 식사하는 것을 의미합니다.

▶ Is it difficult to follow a diet?

▶ It's very hard to follow a diet.

▶ It will be difficult to follow a diet.

▶ Was it difficult to follow a diet?

▶ It won't be difficult to follow a diet.

TRAINING 5 ▶ 문장변형 트레이닝 휘리릭~

Have you been on a diet?

1 주어를 I / 평서문으로 휘리릭~

난 다이어트를 해본 적 있어.

2 주어를 I / 현재형으로 휘리릭~

난 다이어트 중이야.

3 과거형 / 의문문으로 휘리릭~

넌 다이어트 중이었니?

4 평서문 / 부가의문문으로 휘리릭~

너는 다이어트를 했었잖아, 그렇지 않아?

5 be going to를 넣어서 / 미래형 / 의문문으로 휘리릭~

넌 다이어트를 할 거니?

다이어트를 해본 적 있어? Have you tried to be on a diet? (다이어트 하려고 시도해 본 적 있어?)라고도 물을 수 있습니다. '…을 시도해 본 적이 있어?' 라고 물어볼 때는 현재완료의 경험을 이용해서 위와 같이 〈Have you tried …?〉 패턴을 사용할 수 있습니다.

▶ I have been on a diet.

▶ I am on a diet.

▶ Were you on a diet?

▶ You've been on a diet, haven't you?

▶ Are you going to be on a diet?

학교 생활

DAY 16 수업 듣기 | DAY 17 스터디 그룹
DAY 18 스펙 쌓기 | DAY 19 시험 공부
DAY 20 동아리 활동

4th WEEK

DAY 16 수업 듣기

오늘은 〈수업 듣기〉라는 주제와 관련한 문장변형 연습을 합니다.
학교에서 수업을 들을 때 많이 쓰는 생생한 표현이 담긴 5개의 주요 문장을
지시문에 따라 변형하며 말해보세요.

5 Sentences Preview

문장변형 연습을 할 주요 문장 5개를 미리 살펴봅니다.

트레이닝 1
We had a quiz in math.
우린 수학 쪽지 시험을 봤어.

트레이닝 2
I got a good grade on my English paper.
난 영어 과제에서 좋은 점수를 받았어.

트레이닝 3
I often skip my chemistry lecture.
난 종종 화학 강의를 빼먹어.

트레이닝 4
I think I aced the quiz.
난 시험을 100점 받은 것 같아.

트레이닝 5
We got last week's test back.
우린 지난주에 봤던 시험 결과를 돌려받았어.

TRAINING ❶ ▶ 문장변형 트레이닝 휘리릭~

We had a quiz in math.

1   today를 넣어서 현재진행형 / 의문문으로 휘리릭~

우리 오늘 수학 쪽지 시험 보나요?

2   today를 넣어서 부가의문문으로 휘리릭~

우린 오늘 수학 쪽지 시험을 봐, 그렇지 않아?

3   be going to를 넣어서 미래형으로 휘리릭~

우린 수학 쪽지 시험을 볼 거야.

4   주어를 You / 가까운 미래의 현재진행형으로 휘리릭~

넌 오늘 이따가 수학 쪽지 시험을 볼 거야.

5   I bombed the test. / 주어를 I / 두 문장을 붙여서 휘리릭~

난 어제 수학 쪽지 시험을 봤고 완전 망쳤지.

1

 16-1

우린 수학 쪽지 시험을 봤어. quiz 하니까 '장학퀴즈'나 '퀴즈가 좋다', '골든벨' 같은 TV 프로그램이 떠오르나요? 중간고사, 기말고사 같은 굵직한 시험을 제외한 가벼운 쪽지 시험은 모두 quiz입니다. 미국에서는 수업시작에 앞서 예고 없이 깜짝 쪽지 시험을 보기도 하는데, 이것을 pop quiz라고 합니다. 쪽지 시험도 모두 성적에 반영되니 대충 봤다간 큰일나겠죠?

▶ Are we having a quiz in math today?

▶ We're having a quiz in math today, aren't we?

▶ We are going to have a quiz in math.

▶ You are having a quiz in math later today.

▶ I had a quiz in math yesterday and I bombed the test.

TRAINING ❷ ▶ 문장변형 트레이닝 휘리릭~

I got a good grade on my English paper.

1 현재진행형으로 휘리릭~

난 영어 과제 점수 잘 받을 거야.

2 never를 넣어서 강한 부정으로 휘리릭~

난 한번도 영어 과제 점수를 잘 받아본 적이 없어.

3 주어를 You / 과거형 / 의문문으로 휘리릭~

넌 영어 과제 점수 잘 받았니?

4 주어를 You / 미래형 / 부가의문문으로 휘리릭~

넌 영어 과제 점수 잘 받을 거야, 그렇지?

5 주어를 You / do를 써서 강조구문으로 휘리릭~

넌 영어 과제 점수를 정말 잘 받았어.

16-2

난 영어 과제에서 좋은 점수를 받았어. get a good grade라고 하면 '좋은 점수를 받다'라는 뜻이고, get a poor grade라고 하면 반대로 '허접한 점수를 받다'라는 뜻이 됩니다. 이 문장에서 paper는 일반적인 '종이'를 의미 하는 것이 아니라 논문이나 에세이의 형태로 제출하는 리포트를 말합니다.

I am getting a good grade on my English paper.

I never get a good grade on my English paper.

Did you get a good grade on your English paper?

You will get a good grade on your English paper, won't you?

You did get a good grade on your English paper.

TRAINING ❸ ▶ 문장변형 트레이닝 휘리릭~

I often skip my chemistry lecture.

1 부정문으로 휘리릭~

난 화학 강의를 자주 빼먹지는 않아.

2 주어를 You / 의문문으로 휘리릭~

넌 화학 강의를 자주 빼먹니?

3 주어를 You / 미래형 / 부정문으로 휘리릭~

넌 화학 강의를 자주 빼먹지는 않을 거야.

4 주어를 You / 과거형 / 의문문으로 휘리릭~

너 오늘 아침 화학 강의를 빼먹었니?

5 Why를 넣어서 의문문으로 휘리릭~

왜 넌 항상 화학 강의를 빼먹니?

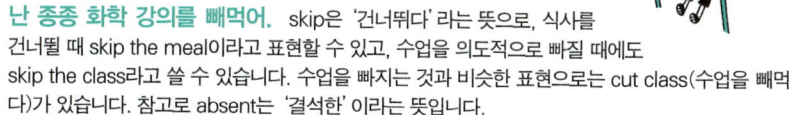

난 종종 화학 강의를 빼먹어. skip은 '건너뛰다' 라는 뜻으로, 식사를 건너뛸 때 skip the meal이라고 표현할 수 있고, 수업을 의도적으로 빠질 때에도 skip the class라고 쓸 수 있습니다. 수업을 빠지는 것과 비슷한 표현으로는 cut class(수업을 빼먹다)가 있습니다. 참고로 absent는 '결석한' 이라는 뜻입니다.

- I don't often skip my chemistry lecture.

- Do you skip your chemistry lecture often?

- You will not skip your chemistry lecture often.

- Did you skip your chemistry lecture this morning?

- Why do you always skip your chemistry lecture?

TRAINING ④ ▶ 문장변형 트레이닝 **휘리릭~**

I think I aced the quiz.

1 과거형으로 휘리릭~

난 시험을 100점 받았다고 생각했어.

2 부정문으로 휘리릭~

난 내가 시험을 100점 받을 것 같진 않아.

3 주어를 You / 과거형 / 의문문으로 휘리릭~

네가 시험을 100점 받았다고 생각했니?

4 주어를 You / 현재진행형 / 의문문으로 휘리릭~

네가 시험을 100점 받았다고 생각하고 있니?

5 Don't you think를 넣어서 자신 있는 말투로 휘리릭~

네가 시험을 100점 받을 거라고 생각하지 않니?

4

🔊 16-4

난 시험을 100점 받은 것 같아. ace는 말 그대로 에이스. 제일 잘했다는 뜻입니다. quiz에서 제일 잘했다는 것은 100점 또는 A를 맞았다는 뜻이겠죠? I got perfect score.라는 표현이나 I got full marks.라는 표현도 만점을 받았다는 뜻입니다.

▶ **I thought** I aced the quiz.

▶ **I don't** think I aced the quiz.

▶ **Did you** think you aced the quiz?

▶ **Are you thinking** you aced the quiz?

▶ **Don't you think** you will ace the quiz?

TRAINING 5 ▶ 문장변형 트레이닝 휘리릭~

We got last week's test back.

1 next week를 넣어서 미래형으로 휘리릭~

우린 다음 주에 지난주에 봤던 시험 결과를 돌려받을 거야.

2 현재진행형 / 부가의문문으로 휘리릭~

우린 지난주에 봤던 시험 결과를 돌려받는 거야, 그렇지 않아?

3 가까운 미래를 나타내는 be going to를 넣어서 휘리릭~

우린 지난주에 봤던 시험 결과를 돌려받을 거야.

4 주어를 You / 과거형 / 의문문으로 휘리릭~

넌 지난주에 봤던 시험 결과를 돌려받았니?

5 주어를 You / 부정문으로 휘리릭~

넌 지난주에 봤던 시험 결과를 돌려받지 않았지, 그렇지?

16-5

우린 지난주에 봤던 시험 결과를 돌려받았어. last는 '마지막'이라는 뜻인데, last week 하면 이번 주 이전의 마지막 주, 즉 저번 주를 뜻합니다. last year는 작년, last month는 지난달이죠. 동사구 get back은 '다시 돌려받다', turn back은 '돌아가다'라는 뜻입니다. 트레킹 하다 억수같이 쏟아지는 비로 인해 다시 돌아갈지 물을 때 Do you want to turn back? 하면 되겠죠?

▶ We will get last week's test back next week.

▶ We are getting last week's test back, aren't we?

▶ We are going to get last week's test back.

▶ Did you get last week's test back?

▶ You didn't get last week's test back, right?

DAY 17 스터디 그룹

오늘은 〈스터디 그룹〉이라는 주제와 관련한 문장변형 연습을 합니다.
스터디 그룹에서 많이 쓰는 생생한 표현이 담긴 5개의 주요 문장을
지시문에 따라 변형하며 말해보세요.

5 Sentences Preview

문장변형 연습을 할 주요 문장 5개를 미리 살펴봅니다.

트레이닝 1

I met with my study group at the student union.

난 학생회관에서 내 스터디 그룹을 만났어.

트레이닝 2

We study outside when the weather is nice.

우린 날씨가 좋을 땐 밖에서 공부해.

트레이닝 3

I like most of the members of the group.

나는 우리 그룹원 대부분을 좋아해.

트레이닝 4

We can't get a hold of him.

우린 그와 연락이 안 돼.

트레이닝 5

Sometimes we study late into the night.

가끔 우린 밤늦게까지 공부해.

TRAINING ❶ ▶ 문장변형 트레이닝 휘리릭~

I met with my study group at the student union.

1 현재진행형 / 부정문으로 휘리릭~

난 학생회관에서 내 스터디 그룹을 만나지 않아.

2 미래형으로 휘리릭~

난 학생회관에서 내 스터디 그룹을 만날 거야.

3 주어를 You / 현재진행형 / 의문문으로 휘리릭~

넌 오늘 학생회관에서 네 스터디 그룹을 만나니?

4 주어를 You / 과거형 / 의문문으로 휘리릭~

너 어제 학생회관에서 네 스터디 그룹 만났니?

5 주어를 You / 미래형 / 부가의문문으로 휘리릭~

넌 학생회관에서 네 스터디 그룹을 만날 거야, 그렇지 않니?

1

17-1

난 학생회관에서 내 스터디 그룹을 만났어. student union은 '학생회, 학생회관, 학생조합' 등의 의미로 다양하게 쓰이는 단어입니다. study group은 공부에 도움을 주고받기 위해 함께 조직해서 자율적으로 공부하는 모임을 말합니다. at은 장소 앞에 쓰여서 '~에서' 라는 뜻입니다.

- I am not meeting with my study group at the student union.

- I will meet with my study group at the student union.

- Are you meeting with your study group at the student union today?

- Did you meet with your study group at the student union yesterday?

- You will meet with your study group at the student union, won't you?

TRAINING ❷ ▶ 문장변형 트레이닝 휘리릭~

We study outside when the weather is nice.

1 부정문으로 휘리릭~

우리는 날씨가 좋을 땐 밖에서 공부하지 않아.

2 미래형으로 휘리릭~

우리는 날씨가 좋을 땐 밖에서 공부할 거야.

3 과거형 / 부정문으로 휘리릭~

우리는 날씨가 좋았을 땐 밖에서 공부하지 않았어.

4 주어를 You / 의문문으로 휘리릭~

넌 날씨가 좋을 땐 밖에서 공부하니?

5 주어를 You / 부가의문문으로 휘리릭~

넌 날씨가 좋을 땐 밖에서 공부하지, 그렇지 않아?

우린 날씨가 좋을 땐 밖에서 공부해. outside는 '밖에서'라는 뜻으로 앞에 in이나 on과 같은 전치사를 따로 쓸 필요 없이 study outside라고만 하면 됩니다. outside와 비슷한 말로는 outdoor가 있습니다.

- We don't study outside when the weather is nice.

- We will study outside when the weather is nice.

- We didn't study outside when the weather was nice.

- Do you study outside when the weather is nice?

- You study outside when the weather is nice, don't you?

TRAINING ❸ ▶ 문장변형 트레이닝 휘리릭~

I like most of the members of the group.

1 부정문으로 휘리릭~

나는 우리 그룹원의 대부분을 좋아하지 않아.

2 주어를 She / 부정문으로 휘리릭~

그녀는 그룹원의 대부분을 좋아하지 않아.

3 주어를 You / 의문문으로 휘리릭~

넌 그룹원의 대부분을 좋아하니?

4 주어를 You / 부가의문문으로 휘리릭~

넌 그룹원의 대부분을 좋아하지, 그렇지?

5 I don't think를 넣어서 의견을 나타내는 말로 휘리릭~

난 네가 그룹원 대부분을 좋아한다고 생각하지 않아.

🔊 17-3

나는 우리 그룹원 대부분을 좋아해. 여기서 most는 '대부분의' 라는 뜻의 소유대명사로 쓰였습니다. 같은 의미로 almost가 있는데 most는 형용사, 대명사로 주로 쓰이고 almost는 부사로 쓰여서 명사를 수식하지 못한다는 차이가 있습니다.

- I don't like most of the members of the group.

- She doesn't like most of the members of the group.

- Do you like most of the members of the group?

- You like most of the members of the group, don't you?

- I don't think you like most of the members of the group.

TRAINING ④ ▶ 문장변형 트레이닝 휘리릭~

We can't get a hold of him.

1 가까운 미래를 나타내는 be going to를 넣어서 휘리릭~

우린 그와 연락할 수 있게 될 거야.

2 미래형 / 부정문으로 휘리릭~

우린 그와 연락할 수 없을 거야.

3 주어를 I / 과거형으로 휘리릭~

난 그와 연락할 수 없었어.

4 주어를 You / 긍정문으로 휘리릭~

넌 그와 연락할 수 있어.

5 약간 짜증이 담긴 말투로 휘리릭~

네가 그 사람과 연락할 수는 없니?

🔊 17-4

우린 그와 연락이 안 돼. get a hold of ...는 '...와 연락이 되다' 또는 '...와 연결 짓다' 라는 reach의 뜻입니다. 여기서는 '연락하다' 의 뜻으로 쓰였습니다. 비슷한 표현으로는 get in touch with ...와 keep in touch with ...가 있습니다. It's hard to get a hold of him.(그와 연락이 잘 안 돼.)

➤ We are going to be able to get a hold of him.

➤ We won't be able to get a hold of him.

➤ I couldn't get a hold of him.

➤ You can get a hold of him.

➤ Can't you get a hold of him?

TRAINING ⑤ ▶ 문장변형 트레이닝 휘리릭~

Sometimes we study late into the night.

1 미래형으로 휘리릭~

가끔 우리는 밤늦게까지 공부할 거야.

2 주어를 You / 의문문으로 휘리릭~

넌 가끔 밤늦게까지 공부하니?

3 주어를 I / never를 넣어서 강한 부정으로 휘리릭~

난 절대로 밤늦게까지 공부하지 않아.

4 주어를 You / 부정문으로 휘리릭~

넌 밤늦게까지 공부하지 않아.

5 주어를 You / 현재진행형 / 의문문으로 휘리릭~

넌 밤늦게까지 공부하고 있니?

가끔 우린 밤늦게까지 공부해. study late는 '늦게까지 공부하다'라는 뜻입니다. 밤새도록 공부했다고 이야기 하려면 study all night를 쓸 수 있습니다.

Sometimes we will study late into the night.

Do you sometimes study late into the night?

I never study late into the night.

You don't study late into the night.

Are you studying late into the night?

DAY 18 스펙 쌓기

오늘은 〈스펙 쌓기〉라는 주제와 관련한 문장변형 연습을 합니다.
스펙을 쌓는 것과 관련하여 많이 쓰는 생생한 표현이 담긴 5개의 주요 문장을
지시문에 따라 변형하며 말해보세요.

5 Sentences Preview

문장변형 연습을 할 주요 문장 5개를 미리 살펴봅니다.

트레이닝 1

I took the TOEFL test.
난 토플 시험을 쳤어.

트레이닝 2

I have to cram for the TOEIC test.
난 토익 시험에 벼락치기 공부를 해야 해.

트레이닝 3

I'm just skimming the reading.
난 그냥 대충 읽어 보고 있어.

트레이닝 4

I am taking an English Speaking Course next month.
난 다음 달에 영어 회화 수업을 들을 거야.

트레이닝 5

I've signed up for 3 classes.
나는 세 과목을 신청했어.

TRAINING ❶ ▶ 문장변형 트레이닝 휘리릭~

I took the TOEFL test.

1 현재진행형으로 휘리릭~

난 토플 시험을 치고 있어.

2 last March / do를 써서 강조하는 문장으로 휘리릭~

난 작년 3월에 토플 시험을 쳤었어.

3 next Saturday를 넣어서 미래형으로 휘리릭~

난 다음 주 토요일에 토플 시험을 칠 거야.

4 주어를 You / 미래형 / 의문문으로 휘리릭~

넌 토플 시험을 칠 거니?

5 주어를 You / 과거의 경험을 묻는 의문문으로 휘리릭~

넌 이전에 토플 시험 친 적이 있니?

18-1

난 토플 시험을 쳤어. '시험을 치다' 라고 해서 동사 hit을 떠올리는 사람은 아마 없겠죠? 이때는 take 동사를 써서 take a test 또는 take a exam이라고 해야 합니다. 참고로 hit the books는 '맹렬히 공부하다' 라는 뜻입니다.

- I am taking the TOEFL test.

- I did take the TOEFL test last March.

- I will take the TOEFL test next Saturday.

- Will you be taking the TOEFL test?

- Have you taken the TOEFL test before?

TRAINING ❷ ▶ 문장변형 트레이닝 휘리릭~

I have to cram for the TOEIC test.

1 미래형으로 휘리릭~

난 토익 시험에 벼락치기 공부를 해야만 할 거야.

2 현재진행형으로 휘리릭~

나는 토익 시험에 벼락치기 공부를 하고 있어.

3 주어를 You / 의문문으로 휘리릭~

넌 토익 시험에 벼락치기 공부를 해야만 하니?

4 주어를 You / 미래형 / 부가의문문으로 휘리릭~

넌 토익 시험에 벼락치기 공부를 해야만 할 거야, 그렇지 않어?

5 You'd better를 넣어서 경고하는 문장으로 휘리릭~

넌 아마 토익 시험에 벼락치기 공부를 하는 것이 좋을 거야.

난 토익 시험에 벼락치기 공부를 해야 해. 기네스 기록을 세우기 위해서 작은 경차에 20명 이상의 사람들이 꾸역꾸역 들어가는 것을 상상해 보세요. 이처럼 cram은 좁은 공간 속에 무언가를 꾸역꾸역 밀어넣는 행동을 의미합니다. 시험에서는 cram for an exam이라고 해서 '벼락공부하다' 라는 의미로 쓰입니다.

- I will have to cram for the TOEIC test.

- I am having to cram for the TOEIC test.

- Do you have to cram for the TOEIC test?

- You will have to cram for the TOEIC test, won't you?

- You'd better cram for the TOEIC test.

TRAINING 3 ▶ 문장변형 트레이닝 휘리릭~

I'm just skimming the reading.

---

1 현재형으로 휘리릭~

난 그냥 대충 읽어.

2 미래형으로 휘리릭~

난 그냥 대충 읽어 볼 거야.

3 과거형 / 부정문으로 휘리릭~

난 그냥 대충 읽어 본 게 아니야.

4 주어를 You / 현재진행형 / 의문문으로 휘리릭~

넌 그냥 대충 읽어 보고 있니?

5 주어를 He / 부정문으로 휘리릭~

그는 그냥 대충 읽어 본 게 아니야.

난 그냥 대충 읽어 보고 있어. skim은 무언가를 읽을 때 공을 들이지 않고 대충 훑어보며 읽는 것을 말합니다. 반면 scan은 필요한 것을 유심히 살피는 것을 뜻하죠. 가령 전화번호부는 내가 필요한 내용을 찾는 것이니 scan할 것이고, 잡지는 넘겨보다가 관심 가는 부분만 읽을테니 skim한다고 하면 맞겠죠?

- I just skim the reading.

- I will just skim the reading.

- I didn't just skim the reading.

- Are you just skimming the reading?

- He didn't just skim the reading.

TRAINING ❹ ▶ 문장변형 트레이닝 휘리릭~

I am taking an English Speaking Course next month.

1 미래진행형으로 휘리릭~

난 다음 달에 영어 회화 수업을 듣고 있을 거야.

2 last semester를 넣어서 과거형 / 부정문으로 휘리릭~

난 저번 학기에 영어 회화 수업을 듣지 않았어.

3 주어를 You / 의문문으로 휘리릭~

넌 내년에 영어 회화 수업을 들을 거니?

4 주어를 You / 과거형 / 부가의문문으로 휘리릭~

넌 영어 회화 수업을 들었어, 그렇지 않아?

5 주어를 He / be going to를 넣어서 휘리릭~

그는 다음 주에 영어 회화 수업을 들을 거야.

난 다음 달에 영어 회화 수업을 들을 거야. English speaking course는 회화 수업을 말합니다. English writing course는 작문 수업, English listening course는 듣기 수업이죠. next month는 '다음 달'이라는 뜻으로 next를 붙이면 '다음'이라는 의미가 됩니다. next week, next year, next semester(다음 학기) 등 여러 가지가 있겠죠.

▶ I will be taking an English Speaking Course next month.

▶ I didn't take an English Speaking Course last semester.

▶ Do you take an English Speaking Course next year?

▶ You took an English Speaking Course, didn't you?

▶ He's going to take an English Speaking Course next week.

TRAINING 5 ▶ 문장변형 트레이닝 휘리릭~

I've signed up for 3 classes.

---

1   과거형으로 휘리릭~

난 작년에 세 과목을 신청했어.

2   미래형으로 휘리릭~

나는 세 과목을 신청할 거야.

3   과거형 / 부정문으로 휘리릭~

난 세 과목을 신청한 게 아니야.

4   주어를 You / 의문문으로 휘리릭~

넌 세 과목을 신청할 거니?

5   주어를 He / 미래형으로 휘리릭~

그는 세 과목을 신청할 거야.

5

🔊 18-5

나는 세 과목을 신청했어. 강의나 수업에 '등록하다' 라는 표현을 우리는 보통 register, enroll 등으로 알고 있는데 아주 간단히 sign up이라는 동사구를 써서 가볍게 표현할 수도 있습니다. 그 외 메신저에 등록하거나 인터넷 뱅킹에 가입할 때도 sign up을 사용합니다.

▶ I signed up for 3 classes last year.

▶ I will sign up for 3 classes.

▶ I didn't sign up for 3 classes.

▶ Do you sign up for 3 classes?

▶ He will sign up for 3 classes.

DAY 19 시험 공부

오늘은 〈시험 공부〉라는 주제와 관련한 문장변형 연습을 합니다.
시험 공부를 할 때 많이 쓰는 생생한 표현이 담긴 5개의 주요 문장을
지시문에 따라 변형하며 말해보세요.

5 Sentences Preview

문장변형 연습을 할 주요 문장 5개를 미리 살펴봅니다.

트레이닝 1

You must study before taking a test.

넌 시험 보기 전에 공부해야만 해.

트레이닝 2

I'm nervous about the midterm.

난 중간고사가 걱정 돼.

트레이닝 3

I think I will pass the midterm.

난 중간고사를 통과할 거라고 생각해.

트레이닝 4

I highlight the important terms in each chapter.

난 각 챕터마다 중요한 용어들을 표시해.

트레이닝 5

I don't have time to study everything!

난 모든 것을 공부할 시간이 없어!

TRAINING ❶ ▶ 문장변형 트레이닝 휘리릭~

You must study before taking a test.

1   have to로 바꿔서 의문문으로 휘리릭~

_____

넌 시험 보기 전에 공부해야만 하니?

2   되물어서 각인시키는 문장으로 휘리릭~

_____

넌 시험 보기 전에 공부해야만 해, 그렇지?

3   반대 의미의 문장으로 휘리릭~

_____

넌 시험 보기 전에 공부할 필요가 없어.

4   주어를 We / 경고하는 문장으로 휘리릭~

_____

우리는 시험 보기 전에 공부하는 게 나을 거야.

5   had better / 부가의문문으로 휘리릭~

_____

너는 시험 보기 전에 공부하는 게 나을 거야, 그렇지 않아?

1

🔊 19-1

넌 시험 보기 전에 공부해야만 해. must는 have to와 같은 뜻으로 '반드시 …해야 한다'는 뜻입니다. 조동사, 즉 동사를 도와줘야 하기 때문에 뒤에는 반드시 동사원형(study)이 와야 한다는 것에 주의하세요! 여기서 before는 '…이전에'라는 의미이고 반대의 표현에는 '…이후에'라는 after가 있죠.

▶ Do you have to study before taking a test?

▶ You must study before taking a test, right?

▶ You don't need to study before taking a test.

▶ We better study before taking a test.

▶ You had better study before taking a test, hadn't you?

TRAINING ❷ ▶ 문장변형 트레이닝 휘리릭~

I'm nervous about the midterm.

1 미래형으로 휘리릭~

난 중간고사가 걱정될 거야.

2 과거형으로 휘리릭~

난 정말로 중간고사가 걱정됐어.

3 주어를 You / 부가의문문으로 휘리릭~

너는 중간고사가 걱정되지, 그렇지?

4 주어를 You / 부정문으로 휘리릭~

너는 중간고사가 전혀 걱정되지 않는구나.

5 주어를 You / 과거형 / 의문문으로 휘리릭~

넌 중간고사가 걱정됐니?

난 중간고사가 걱정 돼. nervous는 '긴장된'이라는 뜻으로 worried 라는 표현도 있습니다. 시험 치기 직전의 불안함을 잘 보여주는 다른 말로는 have a butterfly in the stomach라는 표현이 있는데, 뱃속에 나비가 들어앉아 펄럭거린다고 상상해 보면 그 기분이 어떨지 알 수 있겠죠?

▸ I will be nervous about the midterm.

▸ I really was nervous about the midterm.

▸ You're nervous about the midterm, aren't you?

▸ You aren't nervous about the midterm at all.

▸ Were you nervous about the midterm?

TRAINING ❸ ▶ 문장변형 트레이닝 휘리릭~

I think I will pass the midterm.

1 과거형으로 휘리릭~

_____

난 내가 중간고사를 통과할 거라고 생각했어.

2 과거형 / 부정문으로 휘리릭~

_____

난 내가 중간고사를 통과할 거라고 생각하지 못했어.

3 주어를 You / 부가의문문으로 휘리릭~

_____

넌 네가 중간고사를 통과할 것 같지, 안 그래?

4 주어를 You / 의문문으로 휘리릭~

_____

넌 네가 중간고사를 통과할 것 같니?

5 부정적인 전망을 하면서 휘리릭~

_____

나는 그가 중간고사를 통과할 거라고 생각하지 않아.

3

 19-3

난 중간고사를 통과할 거라고 생각해. will은 '~할 것이다'로, be going to와 같은 뜻입니다. pass는 '시험을 통과하다'라는 뜻이고 반대 표현에는 '시험을 통과하지 못하다'는 뜻의 fail이 있습니다. 시험을 통과하지 못하면 retest나 reexamination을 쳐야 되겠죠. midterm은 '중간고사'를 말하는데, 그러면 학기말고사는 뭐라고 할까요? 정답은 final입니다.

- I thought I would pass the midterm.

- I didn't think I would pass the midterm.

- You think you will pass the midterm, don't you?

- Do you think you will pass the midterm?

- I don't think he will pass the midterm.

TRAINING ④ ▶ 문장변형 트레이닝 휘리릭~

I highlight the important terms in each chapter.

1 현재진행형으로 휘리릭~

나는 각 챕터마다 중요한 용어들을 표시하고 있어.

2 과거형 / 부정문으로 휘리릭~

나는 각 챕터마다 중요한 용어들을 표시하지 않았어.

3 과거형 / 부가의문문으로 휘리릭~

나는 각 챕터마다 중요한 용어들을 표시했어, 그렇지 않아?

4 주어를 You / 의문문으로 휘리릭~

너는 각 챕터마다 중요한 용어들을 표시하고 있니?

5 가까운 미래를 나타내는 be going to를 넣어서 휘리릭~

너는 각 챕터마다 중요한 것을 표시할 거니?

4

🔊 19-4

난 각 챕터마다 중요한 용어들을 표시해. highlight은 형광펜 등으로 밑줄 치는 것으로, 형광펜을 highlighter라고 합니다. 그 외 mark '표시하다', underline '밑줄 치다', check '체크하다' 도 모두 중요한 것들을 정리할 때 하는 행동들이죠.

▶ I am highlighting the important terms in each chapter.

▶ I didn't highlight the important terms in each chapter.

▶ I highlighted the important terms in each chapter, didn't I?

▶ Are you highlighting the important terms in each chapter?

▶ Are you going to highlight the important terms in each chapter?

TRAINING 5 ▶ 문장변형 트레이닝 휘리릭~

I don't have time to study everything!

1 과거형으로 휘리릭~

난 모든 것을 공부할 시간이 없었어.

2 미래형 / 부정문으로 휘리릭~

난 모든 것을 공부할 시간이 없을 거야.

3 주어를 You / 의문문으로 휘리릭~

넌 모든 것을 공부할 시간이 있니?

4 주어를 You / 과거형 / 부정문 / 부가의문문으로 휘리릭~

넌 공부할 시간이 없었지, 그렇지?

5 주어를 You / 과거형 / 긍정문으로 휘리릭~

넌 모든 것을 공부할 시간이 있었어.

난 모든 것을 공부할 시간이 없어! 〈time to + 동사〉는 '~할 시간'을 의미합니다. 여기서는 공부할 시간이 없다는 의미로 don't have time to study라고 했습니다. 시간이 남아돌아 충분할 때는 I have enough time to study.(공부할 시간이 충분해.)하면 되겠죠. much를 붙이면 양을 나타낼 수 있어요. I don't have much time to study.(공부할 시간이 많지 않다.)

- I **didn't** have time to study everything.

- I **won't** have time to study everything.

- **Do you** have time to study everything?

- **You didn't** have time to study, **did you?**

- **You had** time to study everything.

DAY 20 동아리 활동

오늘은 〈동아리 활동〉이라는 주제와 관련한 문장변형 연습을 합니다.
동아리 활동을 할 때 많이 쓰는 생생한 표현이 담긴 5개의 주요 문장을
지시문에 따라 변형하며 말해보세요.

5 Sentences Preview

문장변형 연습을 할 주요 문장 5개를 미리 살펴봅니다.

트레이닝 1

She seems to be kind of shy.

그녀는 좀 수줍어하는 것 같아.

트레이닝 2

She's sort of needy.

그녀는 좀 도움이 필요한 스타일이야.

트레이닝 3

They put up a poster to find members.

그들은 회원을 모집하려고 포스터를 붙였어.

트레이닝 4

I'm a member of a snowboarding club.

나는 스노보드 클럽 회원이야.

트레이닝 5

I'm afraid of heights.

난 고소공포증이 있어.

TRAINING ❶ ▶ 문장변형 트레이닝 휘리릭~

She seems to be kind of shy.

1 의문문으로 휘리릭~

그녀는 좀 수줍어하는 편이니?

2 과거형으로 휘리릭~

그녀는 좀 수줍어하는 것 같았어.

3 과거형 / 부정문으로 휘리릭~

그녀는 수줍어하는 것 같지 않았어.

4 과거형 / 부가의문문으로 휘리릭~

그녀는 수줍어하는 것 같았어, 그렇지 않아?

5 동의를 구하는 물음으로 휘리릭~

그녀는 수줍어하는 것 같지 않아?

그녀는 좀 수줍어하는 것 같아. seem은 '…처럼 보이다'라는 뜻의 동사로 다른 사람의 인상이나 그에 대한 자신의 느낌 등을 말할 때 씁니다. look도 같은 뜻을 가지고 있습니다. shy는 '부끄러워하는'이라는 뜻이고, 앞에 나온 kind of는 '약간' 또는 '…하는 편인 것 같다'는 뜻입니다.

▶ Does she seem kind of shy?

▶ She seemed to be kind of shy.

▶ She didn't seem to be shy.

▶ She seemed kind of shy, didn't she?

▶ Doesn't she seem kind of shy?

TRAINING ❷ ▶ 문장변형 트레이닝 휘리릭~

She's sort of needy.

1 과거형으로 휘리릭~

그녀는 좀 도움이 필요한 스타일이었어.

2 부정문으로 휘리릭~

그녀는 도움이 필요 없어.

3 부가의문문으로 휘리릭~

그녀는 좀 도움이 필요한 스타일이야, 그렇지 않아?

4 동의를 구하는 물음으로 휘리릭~

그녀는 좀 도움이 필요한 스타일이지 않았어?

5 after this / be going to를 넣어서 휘리릭~

그녀는 이후에 도움이 좀 필요하게 될 거야.

그녀는 좀 도움이 필요한 스타일이야. needy는 '도움을 필요로 하는' 의 의미이고, sort of는 kind of와 같이 '…한 편인 것 같다' 라는 뜻이 있습니다. 다른 사람에 대해 말할 때 직접적인 평을 하는 건 좋지 않으므로 kind of나 sort of를 적당히 사용하는 센스가 필요하겠죠? 상대방의 말에 동의하는 표현 중에 Kind of. Sort of.가 있는데 '좀 그렇지!, 좀 그런 편이지!' 하는 뜻입니다.

- She was sort of needy.

- She isn't needy.

- She's sort of needy, isn't she?

- Wasn't she sort of needy?

- She is going to be sort of needy after this.

TRAINING ❸ ▶ 문장변형 트레이닝 휘리릭~

They put up a poster to find members.

1 부정문으로 휘리릭~

그들은 회원을 모집하려고 포스터를 붙이지 않았어.

2 미래형으로 휘리릭~

그들은 회원을 모집하려고 포스터를 붙일 거야.

3 현재진행형으로 휘리릭~

그들은 회원을 모집하려고 포스터를 붙이고 있어.

4 현재진행형 / 의문문으로 휘리릭~

그들이 회원을 모집하려고 포스터를 붙이고 있니?

5 미래형 / 부가의문문으로 휘리릭~

그들은 회원을 모집하려고 포스터를 붙일 거야, 그렇지 않아?

그들은 회원을 모집하려고 포스터를 붙였어. put up은 '…를 붙이다' 라는 뜻입니다. post도 '…에 붙이다' 라는 뜻이지만, post a poster라고 말하는 건 좀 이상하지요? 그 외 게시판에 글을 쓸 때도 post 또는 posting했다고 합니다.

- They didn't put up a poster to find members.

- They will put up a poster to find members.

- They are putting up a poster to find members.

- Are they putting up a poster to find members?

- They will put up posters to find members, won't they?

TRAINING ❹ ▶ 문장변형 트레이닝 휘리릭~

I'm a member of a snowboarding club.

1 **when I was a child** / 과거형으로 휘리릭~

나는 어렸을 때 스노보드 클럽 회원이었어.

2 과거형 / 부정문으로 휘리릭~

나는 스노보드 클럽 회원이 아니었어.

3 주어를 You / 의문문으로 휘리릭~

너는 스노보드 클럽 회원이니?

4 주어를 You / 과거형 / 부정문 / 부가의문문으로 휘리릭~

너는 스노보드 클럽 회원이 아니었잖아, 그렇지?

5 **be going to**를 넣어서 휘리릭~

나는 스노보드 클럽 멤버가 될 거야.

나는 스노보드 클럽 회원이야. 피트니스 클럽에 가면 member라는 말을 자주 듣게 되는데, 동아리나 스터디 그룹에서도 member라는 표현을 사용합니다. member of 다음에 snowboarding club, discussion club, tennis club 등과 같이 자신이 소속한 곳을 넣어 주면 됩니다.

- I was a member of a snowboarding club when I was a child.

- I wasn't a member of a snowboarding club.

- Are you a member of a snowboarding club?

- You weren't a member of a snowboarding club, were you?

- I am going to be a member of a snowboarding club.

TRAINING 5 ▶ 문장변형 트레이닝 휘리릭~

I'm afraid of heights.

1 when I was young / 과거형으로 휘리릭~

나는 어렸을 때 고소공포증이 있었어.

2 미래형 / 부정문으로 휘리릭~

나는 높은 곳을 무서워하지는 않을 거야.

3 주어를 You / 부정문으로 휘리릭~

너는 고소공포증이 없어.

4 주어를 You / 부가의문문으로 휘리릭~

너는 고소공포증이 있지, 그렇지 않아?

5 주어를 You / 의문문으로 휘리릭~

너는 고소공포증이 있니?

난 고소공포증이 있어. 높이라는 뜻의 heights는 afraid of 뒤에 붙여서 함께 쓰면 고소공포가 있다는 뜻이 됩니다. 그 외에도 water를 붙이면 I'm afraid of water.로 물이 무섭다는 뜻이 되고 flying을 붙이면 I'm afraid of flying.(= fear of flying)로 비행기 공포증이 됩니다.

▶ I was afraid of heights when I was young.

▶ I won't be afraid of heights.

▶ You aren't afraid of heights.

▶ You are afraid of heights, aren't you?

▶ Are you afraid of heights?